JN096129

古の武術から学ぶ

老境との向き合い方

甲野善紀

はじめに
「まだまだやりたいことがある」と同時に「いつお迎えが来ても応じられる」ように

人間が年を重ねた先にあるべき姿の一つは、「まだまだやりたいことがある」という心持ちと、「いつお迎えが来ても応じられる」という心持ちを、同時に持ち合わせることではないでしょうか。年を取ってもう何の喜びもない、やりたいこともない……という人生はむなしいものですが、自分だけは是が非でも長生きしたいと、ただ生きることにしがみつくような生き方も見苦しいものです。

「まだまだやりたいことはある」と積極的な思いを持ちつつも、同時にいつお呼びがかかっても「あとはよろしく」と後進に託していける。それを両立できるように自分を育てていくことが「年を重ねる」ということだと私は思うようになりました。

その点、昔の人は見事でした。たとえば、油井真砂という尼僧は、心願のための長い断食を経て、その願いが叶ったので食を取ろうと野菜汁を口にしたところ身体が受け付けずに吐いてしまい、「やっぱり身体のほうが受け付けませんね」と死期を悟ったそうです。そして、周りがうろたえているなか「だからもう肉体はいらないよ」と、まるで隣町にでも引っ越すかのようなさりげなさで、その一〇日後に座脱（正座したまま息を引き取る）して七三歳でこの世を去ったといいます。

それだけ覚悟が定まっていたのでしょう。

私は、人としてより納得のいく生き方をし、その納得の質を絶えず自分自身の深いところで問い続けていれば、「まだまだやりたいことがある」という心持ちと「いつお迎えが来ても応じられる」という心持ちが両立するのだと思います。

私自身、二一歳のとき「人間の運命は完璧に決まっていて、同時に完璧に自由である」ということを、どうしようもないほど確信して以来、「生きるとはどういうことか」「人間にとっての自然とは何か」を常に自分自身に問い続けてきました。ですから、七二歳となった今も、去年より今年、先月より今月と武術の技は進歩し、「まだまだやりたいことも、やるべきこともたくさんある」と思いつつ、同時に、人は、生きていればさまざまな病気や怪我もすれば、やがては死ぬ。そういう人間にとって、やはり生き物の自然として、「自分の後の世代が少しでもマシな生き方ができるようになるために、私にできることをしていきたい」と考えるようになってきました。

本書では、私自身のこれまでの生き方や武術研究者としての気づき、それをいかに日々の生活の中で考え、そこで気づいたことを日常の場面に役立てているかといったことを書いています。私の考えや経験が、どれだけ多くの人の役に立つのかはわかりません。

ただ、二〇二〇年から世界中に広がったCOVID-19、つまり新型コロナウイルス感染症に対して、冷静さを失って異常に恐れ、荷物を配達に来た人に対して、いきなり消毒液を振りかけたり、外出している若者を批判している、最近の「高齢者」と呼ばれる同年代の人たちの振る舞いを見ていると、私が若かった頃の高齢者に比べ、死生観の欠如や生きることへの覚悟のなさを感じます。

私が若かった頃の高齢者であったら、今回のような感染症の騒動が起きて、この感染症は高齢者は重症化するリスクが高いが、若者、まして子どもたちはそうした恐れがきわめて低いということがわかれば、「ああ、それはよかった」と言える人たちが少なからずいたと思います。

当時の高齢者で大卒の人の割合は現在よりもはるかに低かったと思います。ところが、誰もが大学に行くようになり、大学進学率が高くなるにつれ、教育は結局、受験目的の「正解」が設定されている問題を解くことが中心となりました。その結果、「人が人としてどう生きたらいいのか」という、かつて多くの庶民が肌で学んだ学問は蔑ろにされ、いつの間にか現在のような「情けない老人たち」が増えてしまったように思います。私は今回のCOVID-19のパンデミックに遭って、何よりも自分が七二歳という古希を迎えた年齢になっていてよかったと思いました。なぜかというと、もし五〇代でこのようなパンデミックに遭い、「情けない老人たち」を見聞きしても、そのことを指摘することは難しかっただろうと思ったからです。

しかし、古希超えの七二歳の今でしたら、言いたいことが言え、このことに関してはストレスがたまりません。

本書が、「生きている」ということの不思議さや精妙さをあらためて感じ取り、自分自身の内側を掘って、「人が人として生きている」ということを見つめ直す一つのきっかけになれば、著者としてこの上ない喜びです。

古の武術に学ぶ　老境との向き合い方【目次】

三章　身体の感覚を取り戻す……67

四章　人生を助けてくれる「技」……105

一章

昨日の自分よりも、今日の自分のほうができる

三〇歳の頃の私が今の自分に会えば一晩中寝られないほど興奮するだろう

私は今、七二歳ですが、数年前からプロボクサーと手を合わせても驚かれるような動きができるようになってきました。たとえば、相手と向き合い、私が「これから肩のあたりを軽く触れるように突きますから、それを払ってください」と言ってから、突きを出すと、普通は何度やっても簡単に払われます。速く出してもゆっくり出しても、ちょっとフェイント的な動きを入れてから突いても、ある程度、武道やスポーツを経験した人なら簡単に払うことができます。なぜなら人はその気配を瞬時に感じて、咄嗟に反応できるからです。日頃から、素早いパンチを躱す練習を重ねているプロボクサーなら、なおさらでしょう。

ですが、私はそんなプロボクサー相手でも、すぐに反応できないような突きを出すことが数年前からできるようになり、最近、その精度がさらに上がってきました。ですから、こうした技は七二歳の今でもできるのではなく、七二歳の今が、私のこれまでの人生の中でいちばんできるようになっているのです。

また、相手が当たっても怪我の恐れがないソフト竹刀などを持って遠慮なく打ち込んでくるのをギリギリで躱すということも同じように、最近は以前よりさらにできるようになってきました。

これらの動きは若いときには絶対に不可能でした。二〇代、三〇代の頃の私なら簡単に打たれて、まったく何もできませんでした。若いときどころか、ほんの一〇年前、六〇代の初めでも現在のようにはできなかったと思います。

もしも二〇代、三〇代の頃の私が、七二歳の今の私に会い、今の私の技を目の当たりにしたならば、「え、こんなことができるのか」と、一晩中寝られないほど興奮したことでしょう。それほど、若いときの私自身よりも今の私のほうが、去年の自分よりも今年の自分のほうが、先月の自分よりも今月の自分、そして時には先週の自分より今週の自分のほうが、技ができるという状態が続いています。

なぜ年を重ねた今のほうができるのかといえば、自分なりに研究を重ねて、だんだんといろいろなことがわかってきたからです。よくたとえに出すのですが、電化製品にしても文房具にしても年々改良されています。その結果、昔に比べれば多機能になって、ほんの数年前にはなかったような便利な機能をもつ製品が次々に生まれています。それと同じで、ずっと研究していれば、「人間はどういう感覚を、どう使って動くのか」といったことが次第にわかってきて、技も月単位、時には週単位に改良されていくのです。

視力や走行力、跳躍力といった単純な運動能力、身体の機能は若い頃に比べれば衰えました。特に視力と跳躍力は、驚くほど落ちました。

私が小学校低学年の頃の体育の評価は「進んでいる、やや進んでいる、普通、やや遅れている、遅れている」という五段階評価で、その後、一から五の数字による評価に変わりました。初めは「やや遅れている」、その後は「二」ばかりでしたが、視力だけは一・五で高校の頃は二・〇まで上がりました。また、高校に進んでから垂直跳びだけは学年で断然一位でした。

なぜ垂直跳びが、そんなに跳べたのかというと、やはり潜在的に武術への関心があり、武術の一人稽古のために身を軽くする高跳びを訓練する話を吉川英治の小説『宮本武蔵』で読んで知っていた他に、高校生になった頃放映されていた『姿三四郎』や『柔』などの柔道ドラマでは、技が使える者は皆、身が軽く、よく屋根などに跳び上がっていたからです。ですから私自身も家の屋根ぐらい跳び上がりたいと思い、毎日オクラの上を跳んだり、手製のハードルのようなものを作って、その上を跳んだりと、いろいろと試行錯誤を重ねていたのです。さすがに家の屋根に飛び上がることはできませんでしたが、跳躍力絶頂の頃には、普通の乗用車の屋根ぐらいであれば、その場から跳び上がることができました。

さらには、飛び降りのほうは六メートルの高さから飛び降りることができました。二、三メートルの高さからであれば、安定した姿勢のまま着地することができますが、六メートルもあると滞空時間が長いので、重い頭が動いてきて、姿勢が不安定になりバランスを崩しそうになります。それをなんとかこらえて足から着地すると、普通の硬さの土でもぐぐっと五センチほど沈みます。飛び降りの練習は跳び上がる力をつけるためのものでしたが、今ではどちらもすっかり衰えました。

ただ、単純に跳び上がったり飛び降りたりする力は落ちましたが、すでに書いたように、武術の技は去年よりも今年、先月よりも今月と、今が一番です。それは間違いありません。大事なのは、単なる力の強さや反射能力といったことではなく、身体全体の使い方であり、また「表の意識」を消して、私が「もう一人の自分」と呼んでいる「裏の意識」とでもいうものによって身体の運用を行なう、といった研究工夫を常にし続けることなのです。

「我ならざる我」を引き出せるようになった

四〇歳、五〇歳の頃にはあくまでも想像の中の技でしかなかったと思えるものの一つが、私が「影観法」と名付けたものから始まる一連の心法的技法です。人間には、ふだん意識している「表の意識」とは別に、「もう一人の自分」あるいは「我ならざる我」

とでもいうような「裏の意識」があります。その裏の意識（＝もう一人の自分、我ならざる我）を、技を行なうときの身体統御の指揮官とする方法が、「影観法」です。

この「影観法」を使って手を出すと、「手を出す」と本人も意識していないで手が出されたことになるので、相手にとっては気配を感じることが難しく、払ったり躱したりといった対応ができないのです。

日本の武術は、「夢想剣」に代表されるように、「我ならざる我」が技を行なうことが昔から理想とされています。この「夢想剣」というのは、一刀流の開祖の伊藤一刀斎が鶴岡八幡宮に籠もって修行し、その参籠明けにフラフラと歩いているところを、突然後ろから刺客に襲われたのですが、ほとんど夢うつつの状態でパッと切り払ったら相手が倒れていたという有名なエピソードです。

スポーツの世界でも、たとえばボクシングの試合で、フラフラになってもうKO寸前の選手が、誰もが「ああ、もう負ける」と思ったその瞬間に、フッと何げなく出した一発で大逆転する、という伝説的エピソードがあります。そういうときの一発は、身体の力が抜けている上、意識もフラフラで自分が何をするという思いもないため、気配がほとんどないのでしょう。ですから、相手にとってはとても意外なタイミングで飛んでくるパンチなので、よけられないのだと思います。

そうした「意識しない手を必要に応じて出す」ということが「技法として出せる」という道が開けてきたのが、二〇一七年の暮れも押し迫った頃のことでした。

そうした手の出し方、つまり「影観法」に気づいた当初行なっていた方法は、相手のある場所を突くなり掴むなりしようとしたとき、その目的とする相手の身体の部位とは違うところ――たとえば右肩のあたりを掴みたいときは、相手の胸とか左肩とか――を「表の意識」で、まさに掴みつつあることをまざまざと演じるのです。ただ、このとき、手や腕などは動かしません。

そうすると、相手は私がまったく手を動かしていなくても、自然とそのあたりを警戒してしまうのです。そして、そのとき「表の意識が実際には手を出していないが、それをあたかも出しているように熱演しているときに出る」と、いわばそういうふうにセットしておいた機械が作動するような感じで、「もう一人の自分」というか「我ならざる我」というか、私が「裏の意識」などと呼んでいるものが発動して、当初掴もうとしていた右肩に向かって、実際に手が出るのです。すると、ごく普通に表の意識で出した手はすべて相手に払われますが、意識しないで出た手は気配がないので、払われないのです。

ただ、このやり方は、「私が突きを出しますので、攻撃はしないで防いでくださいね」という前提であれば成り立ちますが、いきなり相手から攻撃される可能性があるときには、私の表の意識は一生懸命、実際に手を出す場所とは違う場所に手を出すことを演じているために対応できません。

そこで、表の意識を消して「我ならざる我」をいかに瞬時に引き出すかという工夫を重ねてきました。そして、約三年経った二〇二一年の春、私が「飛観法」と名付けた、「影観法」から進展した技法が生まれました。

この「飛観法」というのは「表の意識」を「一瞬で消し飛ばす」という意味と、その「表の意識」を「相手に飛ばす」という両方の意味が込められています。相手に「表の意識」を飛ばすというのは、まさにこれから攻撃するという意志を明確にするということで、いわば殺気を出すことです。

そして、これにより相手が迎撃態勢に入ったり、こちらを攻撃しようとしてくれれば、その「臨戦態勢に入った」という危機感が、こちらの「表の意識」を消し飛ばして、「もう一人の自分」が発動する引き金を引くことになるので、一気に私自身が「意識していないのに、体が動いて手が出る」ということになり、相手は躱したり払ったりすることがきわめて難しくなるのです。つまり、人は実際に手や身体が動くことに反応するというより、そういうふうに手や身体を動かそうとする思いというか、意識に反応しているのだということがわかります。

私の技は絶えず進展を続けているということは、本書の中で何度か言っていることですが、この「影観法」からの大きな進展は本書を製作中にも起こりました。

それは、二〇二一年の五月の末に静岡で講習会をしたときに参加者の方からの質問がきっかけで気づき、その後、進展が続いて六月末に「幽現法」と名付けました。これは向き合った相手の顔を半分ズラしたり、自分の拳の位置を、肘のあたりなど、後ろにあるように「内観」するというようなことから展開し、それにより相手の感覚がズレて臨戦態勢に入れないようにするというものです。

詳しくはここで書いているスペースがありませんので、関心をおもちの方は私が月に二回出しているメールマガジン『風の先・風の跡』の「稽古録」を読んでいただきたいと思いますが、人間というものの不思議さをあらためて実感できる技術です。

この「飛観法」や「幽現法」は「影観法」から生まれたものですが、やはり「影観法」は心法の技術を生み出す上で大きな働きをもっています。たとえば当たっても痛くないソフト竹刀などを持った相手が遠慮なく打ち込んでくるのを、ギリギリで躱す「太刀奪り」も、すでに述べたようにより確実にできるようになりました。これも、影観法によって「我ならざる我」を引き出せるようになったからです。

怪我をさせる恐れがないので、相手が遠慮なく真っ向から打ち込んでくるソフト竹刀を躱すのは、容易なことではありません。その難しさは一流のスポーツ選手でもできる人が、まず見当たらないことでもわかります。なぜなら一流選手でも、床を蹴って躱そうとするので、頭は躱せても肩や腰は遅れますからどうしても打たれてしまうのです。そのため、一流選手でも実際に相手が打ち込み始めてくるまで待てません。

そうなると、どうしても早めに動く。そして早めに動けば、その動いたところを相手が打ってきますから躱せません。相手が打ち込んでくるのを躱すには、相手が打ち出して、もう方向を変えられないところまで待たなければいけないのです。でも、それは容易ではありません。今も述べましたが、何しろ一流といわれる反射神経の抜群なアスリートでも床を蹴って動いてしまうので、この遠慮のないソフト竹刀による打ち込みには打たれてしまうのです。

「影観法」をいろいろと研究し始めてから、この「太刀奪り」も以前より余裕が出てきました。それは、「表の意識」では「打ち込んでくる竹刀を躱さずに掴む」と決め、「逃げない！」と覚悟を決めることで、もう一人の自分がひとりでに動いて打ち込まれた竹刀を躱すということができるようになったからです。

その後、相手がどれぐらい竹刀を振りかぶって打ち込んでくるのか、その振りかぶりの程度によって相手の上腕の内側とか、前腕の中ほどとか、柄を握っている指とか、状況状況によってそうした相手の腕や手の部位を、刀を抜きざまに斬っていく感覚を使うことで、より対応の幅が拡がりました。

このようにして、三〇代、四〇代の頃には「とても無理だろう」と思っていたことが、六〇代に入ってからできるようになり、七〇代になってからさらに新しい気づきを得てできるようになり、改良を重ねることでさらに進化しています。

台風の後、「もう一人の自分」が自分を助けた

稽古の場だけではなく、実践の場でも「我ならざる我」を発揮できるようになっていたことがわかったのが、二〇一九年の台風一五号が通過した翌日でした。久しぶりに関東地方を直撃し、千葉県を中心に甚大な被害を与えた台風です。覚えておられる方も多いでしょう。

私の自宅の庭でも、強風で桜の木と松の木が折れていました。桜の木は瓦を割りましたが、屋根の中ほどだったので、処理は簡単でした。しかし松はその折れた木が、ちょうど屋根のすぐそばに落ちてきて電話線を引きちぎり、二本並んで生えていたイヌツゲの木の股のそれぞれに、がっちりと噛んだ状態で引っかかっていて、下から揺さぶっても何をしても落ちてきません。いくつかの枝が出ている太い木でしたので、出ている枝を切り落とし、少しずつ小さくしてから下に落とそうと、チェーンソーを持って屋根に上りました。

そして、折れた松を何度も揺さぶって、しっかりと木の股に食い込んでいることを確かめてから、そこに左足をかけ、出ていた枝をチェーンソーで一本切り、二本目を切り終えた瞬間のこと。左足をかけていた松の木が突然動き、足を前に払われたような状態になったのです。しっかりと木の股に噛んでいて絶対に動かないことを確認した上で足をかけていたのですが、後から考えれば、枝を切ったことで重心が移動して回転したのでしょう。突然、足元がなくなったかのような感覚に見舞われ、気づいたときには、まるでソファに仰向けに倒れ込むような姿勢になって落ちていました。

作業をしていた場所の高さを後で測ったところ、二メートル九〇センチありましたから、バスケットボールのゴールネットの中ほどの高さです。そこに立って地面を見下ろせば、四、五メートルはありますから、結構な高さなのです。その高さから仰向けに投げ出されるように落ちていったので、「ああ、これは半端ない怪我をするな。何か月も起き上がれないような大怪我になるかもしれない」と、覚悟を決めました。

ところが、次に気づいたときは、左手に持っていたチェーンソーを右手に持ち替え、左手は、もともと足をかけていた木のすぐそばにあった枝を掴んでぶら下がっていたのです。その間、おそらく〇・三秒ぐらいだったでしょう。
しかも、仰向けに投げ出されてからは、砂嵐の中にいるようで、まったく何も見えていませんでした。目を開けていたのか、つぶっていたのかさえわかりません。

最初は、もともと足を乗せていた木に、咄嗟に手をかけてぶら下がったのかと思いました。しかし、私が足を乗せていた木はかなり太かったので、もし手をかけたとしても滑ってしまい、ぶら下がることはできなかったでしょう。私が実際に掴んだ枝は携帯用のペットボトル程度の太さで、ちょうど掴みやすいサイズだったのです。ただ、そんな

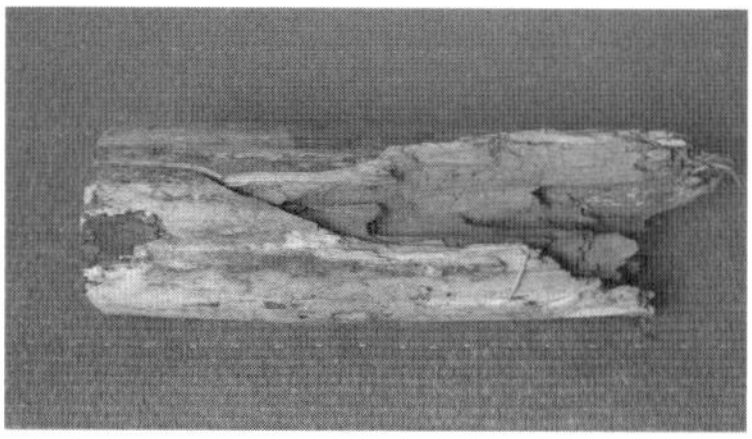

折れた松の木の折れ口、直径約20センチ

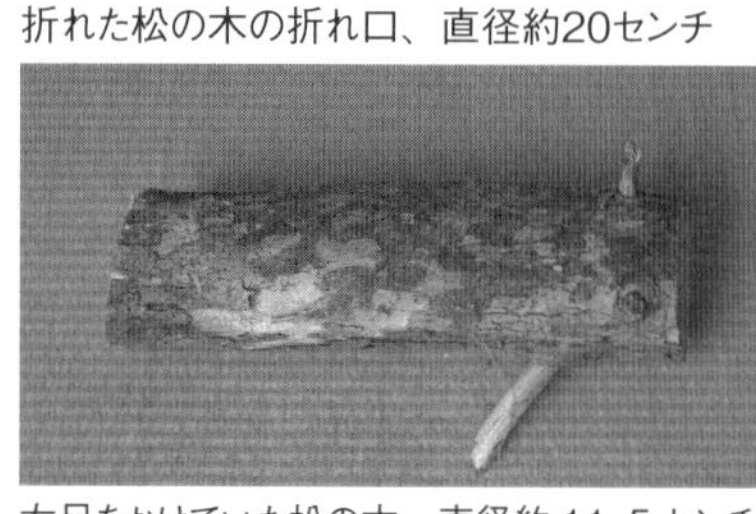

左足をかけていた松の木、直径約 11.5 センチ

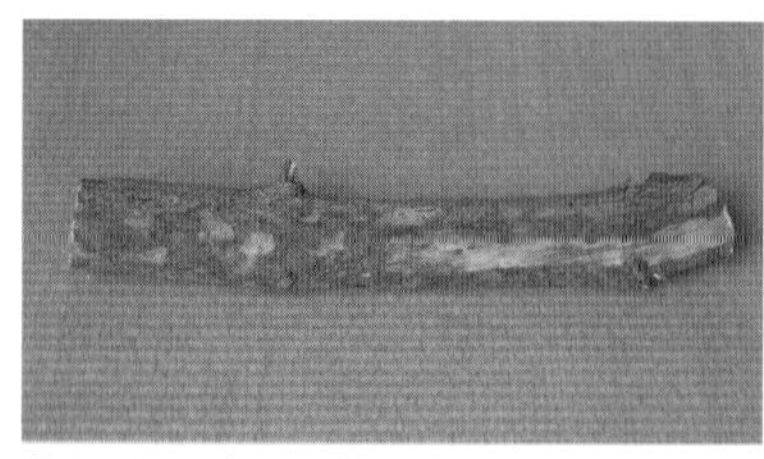

落ちたときに掴んだ枝、直径約 6.5 センチ

枝がすぐそばにあったことは、まったく意識していませんでした。

絶対に大丈夫だと思って足を乗せていたのですから、まさか足元の木が動いて投げ出されることになるなんて微塵も思っていませんでした。まさに不意打ちだったのです。

しかし、不意に木が動き始めてから〇・三秒ほどの間に、後から考えるとこれ以上のことはないと思えるほど最適な動きをしたのです。チェーンソーを投げて壊すこともなく、しっかりと右手に持ち替え、左手はちょうどいい太さの枝を掴み、大怪我どころか、右足のすねをほんの少し擦っただけのかすり傷で済みました。おそらく、仰向けになって落ちながらチェーンソーを持ち替えたのは、チェーンソーを壊さないためもあったかもしれませんが、もう一つは仰向けに落ち始めた姿勢を立て直す意味もあったのだと思います。その様子をもしも動画に撮っていたら、とても人の動きとは思えないような動きをしていたのではないでしょうか。

とにかく、落ち始めた一瞬の間に、そんなことまで考えて身体を動かす指揮をとった「裏の意識」というか「もう一人の自分」の能力の高さには、我が事ながら本当に感じ入りました。

無事だとわかったときには、とにかく、まずチェーンソーを、ぶら下がったすぐ下にあった水道関係の設備を収めたボックス状の建屋の上に少し落とすようにして置き、飛び降りました。約三メートルの高さから落ちたのですが、手を伸ばした形でぶら下がっていたので、足裏から地上までは一メートルあるかないかぐらいですから、身体への負担などまったくありませんでした。

地上に立って安堵するとともに、いったい何が起きたのかわからず、三〇分ほどの間は、落ちたすぐ近くの玄関の式台にへたり込んでいました。

そのときにつくづく思ったのが、単純な運動能力などは若い頃のほうがよかったとは思うものの、もしも若いときに同じことが起きたなら、「大怪我になるな」と思った瞬間、訳のわからないままに落ちていただろう、ということです。

手際よくチェーンソーを左手から右手に持ち替えて、空いた左手で枝を掴んでぶら下がるなどという芸当を、〇・三秒あったかどうかの咄嗟の間にできたのは、表の意識が「あーダメだ、大怪我になる」と思った瞬間に、身体の統御を、裏の意識である

「もう一人の自分」が引き継いだからだと思います。「影観法」という、「我ならざる我」を瞬時に引き出す工夫をしていたからこそ、できたことだったのでしょう。

不意打ちの出来事にこれ以上ない対応ができたので、人間の潜在力のすごさを、つくづく実感したと同時に、自分がこれまでやってきた稽古は間違っていなかったと確認できたのは幸いでした。それが、七〇歳と半年ほど経ったときのことです。

まだまだと絶えず思うから、もっと上にいける

古希を越えてなお、「今がいちばん、技が利きます」と言うと、「どうしてですか」とよく訊かれます。すでに書いたように、電化製品と同じで改良を重ねているから、と言えばそれまでなのですが、なぜ改良を重ねられるのかというと、自分の動きを「これでいい」と思ったことがないからでしょう。これは謙遜ではありません。私が、まだまだ未熟であることを深く実感しているからです。

武術というのは、「相手に技が利くかどうか」ということが、すべてに優先します。「人格形成」などというのは、結果として言えることであって、これを安易に口にするのは、自分の未熟を隠す「言い訳」として使うという醜悪さを晒すことになってしまうような気がします。どんな場合でも「技が利かない」という事実は、しっかりと受け止めなければなりません。

そして、以前はできなかった状況で、技が利くようになれば、私もそれなりに「お、できるようになったぞ」と嬉しくは思いますが、「まだまだこんなものではない」「これはさらに深い原理への手がかりにすぎない」と、常に思い続けています。

たとえるならば、できるようになった技は、岩壁に打ち込んだハーケンのようなものでしょうか。足がかりにはしますが、もっと上をめざすには、それを捨てて、さらに登っていかなければなりません。まだまだはるか上があると実感していますから、いつまでもそこに居続けるわけにはいかないのです。今の状態に満足し、そこにかじりついていたら、いつまでも今のまま。というより、レベルが必ず下がってしまいます。

「あの頃はよかった」と、若い頃を振り返る人は多いでしょう。プロスポーツ選手でも、「二〇代の頃にはもっと動けた」などと自分の最盛期を懐かしんでしまいがちですが、それは「その程度で満足している」ということになってしまいます。

こう書くと驚かれる方がいるかもしれませんが、あのイチロー選手ですら、五〇歳までは現役を続けると公言しながら四五歳で引退することになったのは、「自分は大したものだな」と、どこかで満足してしまったときがあったからではないかと思います。もちろん直接的な原因としては動体視力の衰えがあり、視力に頼らない方法も考えられたのだろうと思いますが、もしイチロー選手が、ボール球もヒットにしていた最盛期でも「こんなものではない、まだまだこんなものではない」と絶えず絶えず今の自分を捨てて、さらなる上達を求める気持ちがあれば、結果は違ったのではないでしょうか。そうでないと、「あの頃はあんなに打てたのに」「あのときにはあんなことができたのに」などと、つい昔を懐かしんでしまうことになるのではないかと思います。

ただ野球の世界には、年齢を重ねても変化を続け、技が進化し続けていたという優れた先人が歴史上、見当たらないので仕方のないことかもしれません。しかし、幸いにも武術の世界では、私などはるかに及ばない凄まじい技を使えた人が歴史上、数多く存在していましたし、今でもわずかですが、常識を超えた技を発揮される方が存在しますから、私も常に「こんなところで足踏みしてはいられない」と思うのです。

たとえば、江戸時代の中期から幕末にかけて生き、柔術の達人として知られた加藤有慶という人は、耳も聞こえにくくなるような老齢になってもなお、凄まじい逸話が残っています。

あるとき、上野広小路の茶店で有慶に幕内の相撲取りが「ひとつ投げてもらいたい」と挑戦してきました。これに対して「怪我をするかもしれないからやめておけ」と何度も断ったのですが、引き下がらないため、「そこまで言うなら」と挑戦を受けることに。すぐにもかかってきそうなその相撲取りを制して、「今やるのはあまりに簡単なので、私が油断していると思ったときにかかってきなさい。ちょうどこれから宴会があるから、ついて来い」と言って、不意打ちを指示して勝負を受け入れたのです。宴席でお酌を受けて、おっとっと、とやっているときに、相撲取りがバンと肩を突き飛ばそうと手を伸ばした瞬間、有慶はその手をちょっと引っ張ったように見えただけで、相撲取りは真っ逆さまに倒れていたということです。

納得のいかない相撲取りが、有慶の帰り道を待ち伏せして、いきなり暗闇から襲いかかったところ、やっぱり投げ飛ばされてしまったのです。それがあまりにも抵抗感もなくきれいに投げ飛ばされたので、相撲取りが「これは先生に投げられたのでしょうか。それとも私が勝手に転んだのでしょうか」と思わず尋ねたところ、有慶はこう答えたそうです。「いや、それはわしにもわからん」と。

これが有慶晩年の話です。加藤有慶という人は逸話に事欠かない人で、他にも、両国で錦絵を見ていたら、スリが来て懐から紙入れを盗もうとしたので、ひょいっとスリの腕を指二本でつまんで、そのまま連れて帰った、という話もあります。さらにこの話には続きがあって、「お前はなんでこんなことをやるのだ。もうやるなよ」と言って懐にあった金をスリに渡し、その後、けろっと何でもなかったかのように「ところでお前は酒を飲むのか」と尋ね、「少々なら」とスリが答えたので、このスリに通い帖（掛け買いの内容を記す帳簿）を持たせて酒を買いに行かせ、二人で呑み交わしたそうです。そんなひょうきんな面もある人情深い人でもありました。

有慶はじめ、武術の世界には現代人の常識から見れば、とても信じられないような凄まじいエピソードをもった人がたくさんいます。そうした名人、達人に比べると私など、比較することすらはばかられます。ただ、以前は「名人、達人を高いホールの天井とすれば、私などは視覚障害者のための「点字ブロック」ぐらいの高さです」と言っていましたが、今は、足の親指の高さぐらいまではようやく嵩上げできたでしょうか。生きている間に、なんとか足首ぐらいには達したいものです。

そんなふうに、去年よりも今年、昨日よりも今日と進歩はしています。それでも「おう、こんなことができるようになったか」と思う気持ちと同時に、くどいようですが、常に「まだまだ、この先多少でも納得できるところまでの道は、はるかに遠いな」という気持ちにずっと包まれています。

二章 情けない老人になっていないか

同世代でわざわざ会いたいと思うのは、片手に収まるほど

「最近の若者は……」とは、昔からよく耳にするフレーズですが、最近の私がつい嘆きたくなるのは「最近の老人は」のほうです。

今、同世代もしくは同世代より年齢が上の世代で私がわざわざ出かけて行って会いたいと思う人は、片手に収まる程度です。具体的に名前を挙げると、整体協会身体教育研究所の野口裕之先生や養老孟司先生、桜井章一・雀鬼会会長、宮崎駿監督などです。もちろん、私の知らない方で大変魅力的な人物はまだ他にもいらっしゃると思いますが、これまでに縁のあった方々のなかで、自ら出かけていってまた会いたいと思う人は、同年代や上の世代では本当に少ないです。

会いたいと思うのは、やはり話をしていて私自身強く刺激される方です。私の意見に対して、返ってくるのが想定内の答えばかりでは、わざわざ時間をかけて会いに行

く意味がありません。自分の話に対して、相手がただ「はい、はい」と素直に相槌をうってくれるのが心地よいという人は、もう人生が終わってしまった人にしか私には思えません。私は、こちらの予想を超えるような、思わず「う〜ん」と唸るような驚きや気づきが得られる方々とお話がしたいのです。

そういう人物は、四〇代がいちばん多く、次いで三〇代、五〇代、二〇代といった順でしょうか。四〇代が多い理由は、それなりに経験を積み、いちばん精力的に社会で活動をしているので、独自のアイデアが豊富ということもあるかもしれません。ただ、一概に年齢の問題ではなく、そうした常識的理由というより、この世代には人材が多いように思います。ここで昔を懐かしんでも仕方がありませんが、昔は長老と呼ばれるような、味のある、話に深みのある老人が少なからず存在したものでした。

私が二〇二〇年から月一回行なっているオンライン対談「これからの教育実践ゼミ」（NOTH主催）の初回に登場いただいた、名物教師として知られる大阪府立大手前高校の溝脇元志先生が語ってくださった「クマタニのオッチャン」もその一人でしょう。大阪の小さな自動車修理工場「熊谷モータース」の主、熊谷保雄氏に車検で車を預けると、自分の車とは思えないほどに運転しやすい状態になって返ってくるという、まさに神の手をもつような名人だったそうです。あまりに腕がよいので、客はなんとか自分の車をメンテナンスしてほしいと思うため、自然と丁寧語になり、それに対して店主であるオッチャンのほうがタメ口で話すような雰囲気だったそうです。

あるときには、事故で損傷した車を別の店できれいに修復してもらったものの、まだ調子が悪いという人からの依頼で、この「熊谷モータース」を紹介し、客がクマタニのオッチャンのもとに車を持っていったところ、ちらりと一秒ほど見ただけで、「この車、まっすぐ走らんのやろ？　左へ左へ行くんとちゃうか？」と見事に言い当て、さらには「左の後ろを一度ぶつけたやろ？」と、その原因まで見抜いたそうです。また、走行距離も「音を聞いたらわかるがな」と断言して、客が乗ってきた車のエンジン音を聴いただけで、いつもピタリと言い当てられていた、と聞きました。

他にも逸話は数々あり、車の塗装にしても、傍目にはきれいに塗られているように見えても、「あっ、ヒケがついてるなあ」と、極く細かい傷を発見し、溝脇先生が「こんなん客にわかりませんよ」と言っても、「客はわからんでも、ワシが気に入らん」と言って、せっかくきれいに塗ったものにガーッとサンダーをかけて、また一からやり直す、といったこともあったそうです。「客はわからんでも」というところが、目先の利益などよりも職人としての納得、美意識を大事にする職人気質な人だったのでしょう。

こうした名人、あるいは長老と呼ばれるような頼りになる高齢者が、今、急速にいなくなってきました。そして、現代は年を取るにつれて社会のなかで居場所を失っていく、もっといえば邪魔者扱いされるように感じている人のほうが多いのではないでしょうか。

しかし、自分自身が今までに培ってきた経験を基に、社会に、あるいは周囲の人々に対してそれなりの能力を発揮していれば、邪魔者扱いされることはなく、大事にされるはずです。特に今はネット社会になり、有名無名にかかわらず、稀な技術をもつ人がその技術を欲する人と容易に出会えるようになりました。

たとえば、どんなに古い家電であろうと、たとえ部品が手に入らなくとも、部品から自作して直すことのできる人がいます。一方で、思い入れのある家電であれば、多少お金がかかっても直したいという人も少なからずいますから、その両者が出会えれば、お互いにとっていいことです。そういう稀な仕事をしている人が生きていけるようになったことは、ネット社会のよいところだと思います。

また、特別な技術だけではありません。その人独自の考えも、ネット社会になり広く伝えることができるようになりました。私も二〇一〇年に、畏友の名越康文・名越クリニック院長から強く勧められたことをきっかけにツイッターを始めたのですが、自分自身がこれまでに考えてきたこと、その時々で感じることを発信しているうちに、フォロワーの数は三万人を超えました。

特に今回の新型コロナウイルス感染症と、一〇年前の東日本大震災の原発事故に対しては、思うところが少なからずあり、「人間が知恵をもってしまったことで、自分たちが天敵にならざるを得ない宿命を背負ってしまった」などと率直な意見を発信し続けていたところ、日々、フォロワーの数が増えていきました。武術の関係者だけでなく、私が生涯をかけて考え続けている「人間にとっての自然とは何か」「自然に生きるとはどういうことか」という自問自答に共感してくださる人がそれだけ関心をもってくださったということでしょう。

長年、企業勤めを続けてきた人たちは、先に紹介した家電の修理のように何か特別な技術を磨くという仕事ではなかったかもしれませんが、「生きる」ということを真剣に考え続けてきていたのならば、年を重ねた分だけ、その人独自の考えが蓄積されるでしょう。そういう独自の技術や能力、考えをもつ人、含蓄のある話のできる人は、何歳になろうと、どんな時代になろうと疎まれるようなことはなく、むしろ貴重な存在なのではないでしょうか。

他人から生きがいを与えられることほど、恥ずかしいことはない

「高齢者の生きがいづくりを」「高齢者に生きがいを紹介します」といったキャッチコピーを目にすることがあります。生きがいを与えるために高齢者にゲートボールを勧める、などという話も耳にします。以前から感じていましたが、「生きがいを与える」なんて家畜のエサではないのですから、甚だ失礼な話ではないでしょうか。

私にしてみれば、他人から生きがいを与えられるなんて人としていちばん恥ずかしいことのように感じますが、周りが「生きがいを」と言わざるを得ないほど、現在、少なからぬ数の高齢者が、そういわれても仕方のない状況にあることも事実でしょう。仕事一筋でずっと生きてきて、定年を迎えた途端に退屈で一日を持て余してしまう人も少なくないと聞きます。

日本人の平均寿命は年々延び続け、世界でも常に上位ですが、その一方で「人生

一〇〇年時代、その一〇〇年を退屈しないようにしましょう」なんていわれる。果たして、寿命が延びていることは喜ばしいことなのか。退屈をしながらも命が大事、長生きすることが大事なんていうこと自体おかしいのではないか、と違和感を覚えずにはいられません。

本来、「生きがいがどうこう」という言葉も必要のないくらい、自分が没頭するものと向き合えることを、「生きがい」と呼ぶのではないでしょうか。「人間が生きているとはどういうことか」との問いと深いところでつながらなければ、自分が行なうことに没頭することもできず、何か、まあまあ面白いと思うことをやっていたとしても、それを本当の生きがいとはいえないのではないか、と私は思います。ゲートボールが悪いとはいいませんが、「年寄りは手がかからないように運動でもして楽しんでいればいいんじゃないか」とばかりに、「生きがいを与えよう」などといわれてしまう存在であること自体が問題で、生きるということの重みがどんどん希薄になってしまっています。

昔の人は、今とは比べものにならないほどに生きることの喜びを深く味わっていたと思います。たとえば、江戸時代に生きた吉田松陰は、友人や知人と自分が大事にしている書物を読むたびに毎回感動して涙を流していたといいます。情報の少ない時代だったからこそ、本を読むという行為のたびに涙を流すほど感性が豊かで共感力に富んでいたのでしょう。

幕末や明治の初めに来日した西欧人の訪日記を読み込んで、数々の記述を紹介しながら当時の日本を浮き彫りにした、渡辺京二先生の名著『逝きし世の面影』を読むと、旅先で知り合った人と仲良くなって別れがたくなり、ついそこまで見送るつもりが、そのまま何里も一緒に歩き、それでも別れがたくて二泊、三泊もしてしまう、といった当時の日本人の様子が紹介されています。あるいは、親しい人が何年ぶりかに訪れてきた喜びというのは、今の現代人にはとても味わえないような感動があったようです。それは、不便だったからこそ味わえた喜びでしょう。

今は、生活が格段に便利になりました。遠くに暮らす人とも連絡を取る手段がさまざまにありますし、書物のみならずテレビやインターネットなどの情報もあふれています。さらにいえば、医療がどんどん発達し、医療に身を預ければ、まるで自動車修理工場に車を預けるかのように命を長らえることができるようになってきたことも、生きることの感動をどんどん薄くしているように感じます。

いまさら江戸時代のような生活に戻ることはできません。しかし、命の不思議さや人間が生きるということを日々深く掘っていくように、何かの技を探究したり、研究したり、考えたりしていれば、「生きがいを与えましょう」などと他人からわざわざ言われるようなこともなく、生きることの深い喜びを感じられるのではないでしょうか。

その点、我田引水になるかもしれませんが、武術というのは、「人間にとって切実な問題を最も端的に取り扱うもの」と私が定義したように、人間が生き続けることで出合うさまざまなことに、どう対応するかを工夫し学んでいくものです。

たとえば一章で紹介した「影観法」という私の技の原理は、人には「表の意識」と「裏の意識」があることを端的に示します。そして、なぜこの技が利くのかを考えると、人間の身体感覚の不思議さに思いが至ります。ただ力が強い、ただ何かができるということではなく、人の心身とはどのような構造になっているのか、人間とはどういう存在なのか、といったことに自ずと思いが至るのです。

このように武術の探求は、自分自身の内側を探り、人間の心と身体の働きを探っていくものですから、この道を仕事にしようと志してから四〇年以上経って、ようやく自分の未熟さ、この先の道のりの遠さを切実に実感させられております。

今の年寄りは、あまりにも生きる覚悟がない

二〇二〇年から新型コロナウイルス感染症が蔓延し、関連するニュースばかりが目や耳に飛び込んでくるようになりました。そのなかで、私が大変気にかかり情けない思いをしているのは、感染症の拡大よりも、日本の高齢者の生きることに対する覚悟のなさでした。

今回の感染症はどうやら若い人はそんなに重症化せず、高齢者が重症化しやすいら

しい、ということは早い段階からわかっていました。どんな生物の集団でも老いたものから消えていくのは当然のことですから、「我々高齢者が重症化しやすいのは自然な順番なのだから、若い人は重症化しにくくてよかったね」というのが、私が若い頃に周りにいた高齢者たちの当たり前の反応だったと思います。

ところが、今回の新型コロナウイルス感染症に際しては、「お前らが出歩くせいで感染が拡大する。私たちを殺す気なのか?」などと若い人に向かってなじる高齢者が少なからずいたようです。私はたとえ銃を突き付けられて脅されても、そんな恥ずかしいことは言えません。

自分はもう十分に生きたのだから、普通に生活を送った結果、感染して死んだとしても構わない、という心持ちにどうしてなれないのか。それどころか、若い人たちの生活を追いつめてまで自分の余命を延ばしたいと考えるというのは、同じように高齢者と呼ばれる者として、あまりにも情けなく感じます。

世間では「高齢者を守れ、高齢者を守れ」としきりに言われていますが、これからの時代を担う子どもたちや若者が健やかに育つことのほうが、この社会をこの先もできるだけ健全なものとしていくためには、よほど大事なことでしょう。

人生の基礎工事を行なうべき時期に、マスクで顔の大半が隠された大人たちに囲まれ、人間にとって最も大切な感情表現を学ぶ機会を奪われた幼児たちの将来は、いったいどうなるのか。人の微妙な心の動きを受け取る感覚が育ちにくくなることは間違いありません。保育園で保育士がマスクをつけたまま食事を食べさせていたところ、噛まずに飲み込もうとする幼児が増えた、との話も耳にしました。

手指の消毒もどこに行っても強要されますが、過剰な消毒は強迫神経症につながる怯えを人々の心に植えつけます。また、消毒を徹底することで、新型コロナウイルスだけでなく、皮膚に本来存在し有用な働きをしている常在菌や腸内細菌までも死滅させたり、弱らせたりしてしまい、かえって自然免疫を育む機会を奪います。事実、家畜とともに育ち、さまざまな菌との接触の多いアーミッシュ（中世の生活様式で近代化を拒んで生活しているキリスト教の一派）の人たちにはアレルギーがきわめて少ないこと、その反対に、過度にきれい好きな家庭で育った子どもがアレルギーになりやすいことは、よく知られています。

新型コロナウイルス対策として「免疫力を高めよう」としきりに言われていますが、神経質なほどの消毒・除菌の習慣は、免疫力を高めることと矛盾しているのです。こうした習慣が慢性化すれば、将来的に虚弱でややこしい病気の子どもたちが増えるのではないかと、私は危惧しています。「新しい生活様式」と呼ばれている、マスクや消毒、ソーシャルディスタンスといった不自然な習慣が、人間の体質や性格を弱め、子どもたちの将来を蝕んでいくのではないか、と気が気ではありません。

ツイッターにも繰り返し書いてきましたが、高齢者の側から「我々への配慮などやめにして、これからの社会を担う子どもたちの心身が健やかに育つよう、当たり前の日常に一日でも早く戻すべきだ」との発言が出て然るべきです。ただ、このことに賛同する高齢者は少数派でしょう。

思えば、昔の長老や古老といわれた人は、特別に保護されて高齢になったのではなく、さまざまな環境を乗り越えた末に高齢になったのであって、何かあったときに若い人たちの力になれるような知恵が身についていたのでしょう。それに引き換え今は、守られて当然という厚かましい老人が増えているように感じます。平均寿命こそ、昔に比べれば格段に延びましたが、それなりの人生経験を経て優れた知恵や生き方の範を示すような高齢者が本当に減ってしまった気がします。そういう人たちを長老、古老と呼ぶのなら、それらの言葉はもはや死語になりつつあります。

人が人として成長していった証の一つは、「はじめに」でも書いたとおり、年を重ねるに従い、「いつ死んでも悔いはない」という思いが、自然と育まれているかどうかではないでしょうか。やりたいことがいろいろあり、年を取っても精力的に活動できているのは結構なことですが、同時に「いつ死んでも悔いはない」という覚悟、たとえるならば、植物が花を咲かせ、実を実らせて枯れていくように、自分の死を自然な流れとして受け入れていける心境が育つことは、人として重要なことだと思います。今回の感染症騒動は、図らずも一人ひとりのそれまでの生きざまを炙り出すものとなったように感じます。

私が武術を始めたきっかけ

私自身は、いつ人生を閉じても悔いがないと思えるよう、覚悟を育みながら生きてきました。

「若き日に汝の造り主を覚えよ。災いの日が来ないうちに。また『何の喜びもない』という年月が近づく前に」

これは聖書の有名な一節です。私はキリスト教を信仰しているわけではありませんが、この一節は名言中の名言として、深く私の心に刻まれています。「造り主」という言葉を「人間が生きているとはどういうことか」との問いに置き換えたならば、教義・教派に関係なくすべての人々への普遍的な問いかけになります。若いときから「人が生きているとはどういうことなのだろうか」との問いを絶えずもち続けていることは、覚悟をもって生きる上でとても大切なことでしょう。

私は、この後に述べるいくつかのきっかけから「人間にとっての自然とは何か」ということを真剣に考えるようになり、さんざん思考を重ねた末に、二一歳のときに「人間の運命は完璧に決まっていて、同時に完璧に自由である」という結論に至りました。

この世界は壮大なシナリオが組まれた舞台であり、そこに偶然などというものが入り込む余地はない。けれども同時に、「まさに自由だ」と感じる実感もある。つまり、人間の人生というのは、表はその人の人生のシナリオがすべてびっしりと書かれ、裏は真っ白な一枚の紙のようなものだ、との確信に至ったのです。

「運命なんて決まっているわけがないだろう、自分の行動は自分で選んでいるのだから」と思う人は多いでしょう。しかし、人は自分の意志で判断したつもりでも、九九・九九九パーセントは無意識的な脳の神経活動が先行して決めているということは、最近の脳科学でもいわれていることです。

そもそも昔から、未来が予見され過去にさかのぼって運命を変えようといった映画や小説はよくあります。有名な『ターミネーター』もそうですし、以前に見た『メッセージ』（原題：Arrival）という映画も、主人公の言語学者の女性が、宇宙人とコミュニケーションをとるにつれ、自分の未来が見えるようになり、つらい運命が待っていることがわかりながらもその道を選んでいくという物語でした。そうした作品が古今東西存在するのは、運命は潜在的に決まっているのではないかという思いが普遍的に存在するからでしょう。

私の人生のテーマとなった「人間の運命は完璧に決まっていて、同時に完璧に自由である」との気づきを得たのは、確か、二一歳になった年の三月八日でした。日にちまで記憶しているのは、その気づきを得たときに、この結論は一生涯変わらないだろうと確信したからです。そして、この気づきを頭で理解するだけでなく、体感を通じて納得したいと思ったことが、武術の道を選ぶきっかけになりました。

「運命はどうせ決まっているんだ」と思っていても、いざ誰かに殴られそうになったり、襲われそうになったり、という危機的状況に陥れば、人は必ずなんとかしようとするものです。武術は常にそんな切実な状況が前提としてあるので、その切実な状況で自分がどう動き、どう思うのかということを突き詰めていけば、「運命は決まっていて同時に自由である」という矛盾する二つのことの同時性を、体感を通じて理解できるのではないかと考えたのです。

では、なぜこのような結論に至るようになったのかというと、一つの大きなきっかけは、大学二年の夏休みに受けた実習での体験でした。

私は、幼い頃は大変な人見知りで、母に買い物を頼まれて店に行っても「これをください」とはどうしても言えないので、買うべきものを母に紙に書いてもらって、その紙を店の人に見せて代金を渡し、品物と釣り銭を受け取って逃げるように帰ってくる、そんな子どもでした。そういう性格でしたから、将来の仕事を考えるときに会社に勤めるという選択肢はなく、子どもの頃から動物や野山の自然が好きだったことから、「南米にでも移住して牧畜でもやりながら自然のなかで牧歌的に暮らしたい」と、漠然と思っていました。

そのため、大学は東京農業大学の畜産学科に入ったのですが、そこは私が思い描いていた雰囲気とはまるで違う世界でした。牧歌的どころか、そこで行なわれていたのは、いかに効率よく畜産を行なうか、というだけの研究だったのです。畜産の現場では、動物はただの物でしかありませんでした。

入学してすぐに「おかしい」と気づきましたが、内気な性分だった私は、すぐには行動に移せず、ただ流されるままに授業を受けていました。しかしながら、二年目の夏休みに実習で訪れた農場で目の当たりにした光景に、「これはもうとてもついていけない！　違う道を探さなければダメだ」と悟ったのです。

山手線がすっぽり入るような広い敷地に牛が飼われ、鶏も飼われていたのですが、私の担当は鶏の孵卵場で、そこでは卵からかえったばかりのヒナを雌雄鑑別して、雌だけを出荷し、不要な雄のヒナは特大のポリ容器に次々と放り込まれ、まるでゴミでも捨てるかのように無造作に大きく掘られた穴に捨てられていました。容器がいっぱいになると、足で踏みつけ、さらに詰め込まれます。踏みつけられたヒナたちはピーピーと悲鳴を上げ、とても見ていられませんでした。このときに聞いたヒナたちの悲鳴は今でも耳の底に残っていて、思い返すと胸が痛くなります。

今の孵卵場の現場はもっと残酷なようです。ベルトコンベアに流され、粉砕機でガーッと切り刻まれていく。卵が「物価の優等生」でいられるのは、こうした残酷な背景があるからなのです。

牧場での実習から、「こんなふうに生命を踏みにじっている上に現代社会の経済や生活は成り立っているのだ」と初めて気づいた私は、人間が生きていることや現代の社会構造に根本的な違和感を抱くようになりました。

ちょうどその頃、玄米などの自然食が話題になりかけていたことも、運命の出合いでした。「日本人は動物性タンパク質の摂取量が少ない。もっと動物性タンパク質を」と盛んにいわれていた当時の栄養学とは異なるアプローチで健康を取り戻そうという考えを知り、現代の栄養学や医学にも疑問をもつようになりました。

食や農業、そして医療に関する知識を三か月ほど貪欲に学び、私の気持ちはすっかり畜産から遠ざかっていきました。そして、「人間にとっての自然とは何か」ということを深く深く考えるようになったのです。

もう一つ、「人間の運命は完璧に決まっていて、同時に完璧に自由である」という結論に至った潜在的なきっかけは、禅です。私はもともと禅に関心があったのですが、具体的なきっかけは高校二年生のときに、勝海舟、高橋泥舟とともに「幕末三舟」と謳われた山岡鉄舟の伝記『山岡鐵舟』（澤田謙著）を読み、深く感銘を受けたことです。幕末の英傑である鉄舟は、江戸城明け渡しに際して西郷隆盛に直談判し、西郷と勝海舟の会談を実現させて無血開城の陰の立役者となったことなどが知られていますが、そうした業績と同時に、ゆで卵を無理やり百個食べてみせたり、ヤクザ者だった清水次郎長に深く慕われていたり、巨体の鉄舟を乗せて引くことに苦労していた老齢の車夫を抱え上げて人力車に乗せ、自分が車を引いて自宅まで連れ帰り、食事を振舞ったなどという人情味あふれる数々のエピソードをもつ、大変魅力ある人物でした。

私が過ごした中学生、高校生の年代に学校で書かされる「尊敬する人物」の定番といえば、アフリカでの医療に生涯を捧げノーベル平和賞を受賞したアルベルト・シュバイツァーなどでしたから、「尊敬する人物」とは、ただ真面目で面白くもおかしくもない人が選ばれるものなのだと思っていた私の思い込みが、鉄舟の存在によって、「こんなにも面白くて破天荒で、それでいて多くの人からの人気を博す人」こそ「本当に心から尊敬できる人物だ」とすっかり惹かれたのです。その鉄舟という人間を形成したものに禅があると知り、その頃から禅にも関心をもつようになりました。

そうして私は、漠然と志していた畜産の道に進むことはきっぱり断念し、大学では、図書館に入り浸って禅や荘子などの本を読み耽り、さらには宗教関係の本や量子論の入門書などを読んだり、各種健康法の講習会へ行ったりして、「人間にとって自然とは何か」という自問自答を重ねる日々を過ごすようになりました。そしてさんざん考え抜いた末にたどり着いた結論が、先にお伝えした「人間の運命は完璧に決まっていて、同時に完璧に自由である」というものであり、それが、武術を始めるきっかけにもなったのです。

金はないコネはない、あったのは時間と情熱だけ

武の道に本格的に足を踏み入れたのが二二歳のときで、最初に学んだのは合気道でした。合気道には試合がありません。相手との勝敗を競わず、技の修練に重きを置く合気道ならば、じっくりと動きの研究ができるのではないか、と考えたからです。

最初の数年は稽古を重ねるたびに身体について次々と新たな発見があり、すっかりのめり込みました。学んだところは、合気道界の一番の本山的存在であった合気会の本部道場で、ここに入門し、約一年半後には初段に昇段しました。しかし次第に疑問を抱くようになったのです。

高段位の人でも力の強い初心者を相手にすると、なかなか技が決まらないことがありましたし、まったくの初心者、それもかなり年齢の女性が、見栄も外聞もなく激しく抵抗すると、高名な師範も苦笑するだけで、技がかけられませんでした。合気道の創始者である植芝盛平という人物は確かにすごかったのかもしれませんが、ただそれ

を真似るだけの反復稽古を続けていては、実際に技が利く武術としての世界からはどんどん離れてしまうのではないか、本当に技ができるということから乖離してしまうのではないかと思うようになったのです。

私が解き明かしたかったのは、「運命は決まっていると同時に自由であるとは、いったいどのような構造になっているのか」ということです。人は切迫した状況に陥れば思わずなんとかしようとする。その切実な状況に直面したときに心身をどのように操縦するかということを試せるだろうと考えたからこそ合気道を行なっていたのですが、このまま稽古を続けていても「そうした切実な状況下での対応力は磨かれないだろう」と気づいたのです。それで二九歳のときに合気道を辞めて独立し、「松聲館」という名称をつけた道場を建て「武術稽古研究会」を立ち上げて独自の武術の研究に生涯をかけようと決心しました。

今振り返れば、「あんなにも未熟でよく独立したな」と思うのですが、それは知らぬ者の強みだったのでしょう。

「金はない、コネはない、あるのは時間と情熱だけ」という状況でしたが、独立して自分の道を歩み始めると、驚くべき運のよさで、いろいろな場で本当に得がたい縁に恵まれ、どこに属しているわけでもない、武術研究者という今までにない職業にもかかわらず、こうして自分自身で気づいた技や考え方を書籍や講座などで伝えることで生活ができるようになりました。

情熱のもち方は変わった

自分の道場を建てて、武術の研究に生涯を捧げようと決意した二一九歳のとき以来、忙しくて稽古のできない日はあっても、今に至るまでずっと武術を探求する意欲、情熱だけは枯れることなく持ち続けてきました。まあ、長男の陽紀が誕生した直後、しばらくは嬉しいというより押し潰されそうな責任感がのしかかってきた感じがして、生まれて間もない陽紀の喉に何かがつかえて苦しそうにしていると「死んでしまうんじゃないか」という不安が湧き、稽古が手につかなかったことはありますが、そうした時期以外は常に技のことについて工夫研究をし続けてきました。

ただ、何の理由も思い当たらず、電源が落ちたように稽古研究に対する意欲が突然消えたことは数年前に一度だけですがありました。その「一度」は、突然訪れました。それは本当に、煙のようにフッと情熱が消えてなくなったのです。忘れもしません。二〇一七年六月二日のことでした。

その前日には雑誌『婦人公論』の依頼で、養老孟司先生とタレントの清水ミチコさんと神田にある学士会館で鼎談を行なっていました。それは「三人寄れば無礼講」という『婦人公論』の連載のための鼎談で、とても楽しかったのです。久しぶりに養老先生とお会いできたのも嬉しく、清水さんも楽しい方で、話も盛り上がり、何一つ嫌なことはありませんでした。ところがこの鼎談が終わって家に帰り、一晩寝て、翌朝目が覚めたら突然、やる気が失われていたのです。

やることはいくらでもあるはずなのに、やろうという意欲が湧かないのです。いつもなら目が覚めて布団の中にいるときから「あれをやって、これをやって……」と忙しく頭を働かせているのに、そうした意欲がまったく湧いてきません。まるで、意欲というものが煙になってどこかに飛んでいったかのように、何の前触れもなく、いつもは必ずある武術の技についての工夫や、仕事に関する意欲が消失していたのです。「このままやる気が失われたらどうしようか」と思う一方で、肝心のやる気そのものがないのですから、あまり「困った」とも思わず、不思議な感覚でした。後にも先にも、あそこまでやる気が見事に消えたのはそのとき一度きりです。なかなかない貴重な体験でしたので、いい機会だから自分が何を思い、どう感じ考えるのか、冷静に観察してやろうと思いました。

　そのときにまず感じたのは、「原因にまったく心当たりがないにもかかわらず、やる気というのは突然なくなることがあるのだな」ということです。こんなにも前触れも理由もなく消失するのであれば、「やる気のない人を責めることもできないな」と思いました。

　同時に、やる気という、いつなくなるのかもしれないものに頼っている人間の一生は実に不安定なものだな、とも感じました。まあ恋心というものが、ほんの些細なことで「百年の恋も冷める」ことがあるというのは知っていました。しかし、自分が意欲をもってそれまで何年も、いや、何十年もやってきたことでさえ、何のきっかけもなく、突然やる気を失うことがあるとは、思いもよりませんでした。

何がどう働いてそんな状態になったのかはいまだにわかりませんが、人間の感情、意欲、やる気はすべて身体と密接にかかわっていることは確かですから、身体が「何かをやろう」という状態になっていなかったのでしょう。

その数日後には仙台で稽古会の予定が入っており、さらにその翌日には塩釜FCの創設者で子どもたちにサッカーを教えている小幡忠義氏の招きで、宮城県・塩竈で講習会を行なうことも決まっていましたから「困ったな」と思いましたが、行かないわけにはいきません。新幹線で仙台に行き、仙台の稽古会で参加者とともに稽古を行なっているうちに少しやる気が戻ってきて、さらに、塩竈での講習会で、参加してくださった方々がみなさん、私の動きを珍しがってくださり、その新鮮な反応に応えるうちに、意欲は次第に回復していきました。身体を動かし、人と交流をするなかでリハビリをさせてもらったようなものでしょうか。

武術に対する意欲、情熱が理由もなく突然失われたのは、その一度きりです。そう話すと「なぜ何十年も変わらず、情熱をもち続けられるのですか」と聞かれることがありますが、変わっていないわけではありません。むしろ、情熱のもち方が変わってきたからこそ、枯れずに続いているのかもしれません。

情熱を、薪を燃やす炎にたとえるなら、若い頃の情熱は黄色い、木の中の有機物も燃やして明るい炎が高く上がるようなものでしょうか。そして、年を重ねてからの情熱は、黄色い炎が燃え上がるほどの明るさと激しさはないものの、赤い熾（おき）が静かに燃え続けているような状態のように思います。どちらがいいということではありません。それぞれの時、それぞれの状態があるということでしょう。静かに燃える赤い熾の火は、年を重ねることで自然に得られた状態なのだと思います。

今、七〇歳を超えていてよかった

最近はつくづく、自分が七〇歳を超えていてよかった、と感じています。

若い頃には、なぜか自分は五〇代で死ぬような気がしていました。まさかこんなにも長く生きることになるとは思ってもいませんでした。それだけに還暦を迎えることには抵抗があり、六〇歳を二年ぐらい過ぎても、ホテルの宿泊者名簿に記入するときには「五九歳」などと書いていたほどです。

ただ、六〇代から七〇代に入ることにはまったく抵抗はありませんでした。むしろ、六七、六八歳頃から、「七〇歳」と名乗りたかったくらいです。というのは、武術の技にしても、「単なる力の強さや反射能力ではなく、大事なのは身体全体の使い方や、人間の心理面や無意識を使った工夫なんですよ」と言ったときに、六〇代よりも七〇代の私が技を行なうほうが、説得力があるからです。

平均寿命が男女ともに八〇歳を超えている今、七〇歳はもはや珍しくありませんが、それでも杜甫（唐の時代の詩人）が詠んだ「人生七十古来稀なり（七〇歳まで長生きするものは昔から非常に少ない、との意味）」の「古希」です。その古希を迎えた私が、「二〇代、三〇代の頃よりも今のほうがずっと技が利きます」と言うと、「おっ」と興味をもっていただけます。

そして何より、今回の新型コロナウイルスの感染症騒ぎに際して「最近の年寄りは情けない」「生きる上での覚悟がない」と、この章の冒頭で書いたようなことをツイッターや講習会などでもたびたび発信してきましたが、こうしたことが堂々と言えるのも、七〇を超えていればこそ。五〇代ではとても言いにくいでしょうし、六〇代でももう少し遠慮がちになったかもしれません。

長生きをしたいと思ったことはまったくありませんでしたが、この感染症が流行しているときに、その、世の中の感染の予防対策について「過剰だ」「おかしい」「我々高齢者の命よりもこれからの時代を担う若者や子どもの健やかな成長のほうが大事じゃないか」と、遠慮なく言える年齢でよかったなと思っています。

三章 身体の感覚を取り戻す

便利さと引き換えに失った、身体感覚

昔は、現代の我々から見れば驚くような身体感覚をもつ人が当たり前にいました。たとえば、昔のお産婆さん、つまり助産師の方のなかには胎児の心音を聞いただけで男か女かわかった人がいました。もう三五年以上も前になりますが、私の長男の陽紀を取り上げてもらった助産師さんも、そういう名人技をもつ最後の世代の人でした。生まれるまで私はなぜか陽紀のことを女の子とばかり思っていたのですが、その助産師さんは、ずいぶん前から男だとわかっていたそうで、「あら、聞いてもらったらよかったのに……」と言われたことをよく覚えています。

この助産師さんは、長い助産師人生のなかで七〇〇〇人以上の新生児を取り上げたそうですが、生まれる前に感じていた男か女かを間違ったことは、ただの一度だけだったそうです。しかも、その勘違いした赤ん坊は、成長するにつれて男っぽい女の子に育っていったそうですから、いわゆるトランスジェンダーだったのかもしれません。

男女の見分けといえば、まだ電話が発明される前、モールス信号で通信をしていた頃には、ツーツートントンと打つ、信号の微妙な間によって打ち手が男か女かわかった、というベテランの打ち手が結構いたようです。なかには、わざと女打ちを真似て、女のふりをして「今度会おう」なんて伝える男もいたそうで、約束の場所に行って、相手が騙されて来るかどうかを確認したという話も残っています。

助産師さんの話にしても、モールス信号の打ち手の話にしても、音の微妙な違いを聴き分けるような繊細な感覚は、今のようにさまざまな機械化が進んでいなかったからこそ、育まれたのでしょう。

私が以前、刀のことをいろいろと教わった横浜の板金会社の社長の母堂は、使用人が十数人いる町工場にいて、食事のときには「おかわり、おかわり」と次々と飯茶碗が差し出されていたそうですが、誰かの「おかわり」の手が半分出かかったときには、もうすでに迎えの手を出して受け取っていて、食事中にそうやって絶え間なく応じていたはずなのに、みんなが食べ終える頃には自分の食事も終わっていたそうです。

昔は、そういう家事の達人のような人も普通にいました。それは、炊飯器や掃除機、洗濯機といった便利な機械がなかったからこそ、身体を上手に使い、物事を手際よくさばく技が磨かれたのだと思います。

明治時代になって電気が入ってきたとはいえ、昭和初期までは、普通の家にある電化製品といえば照明に使われる電球くらいで、日々の生活は江戸時代とそう変わらないものだったと思います。便利な道具や機器に囲まれた現代の生活と比べればずっと不便ですが、そういう環境だったからこそ、生活や仕事を行なうなかで誰もが身体を使い、自ずと上手な身体の使い方と感覚が育まれていったのでしょう。

翻って現代はというと、生活においても仕事の場面でも、身体を使う機会は劇的に減りました。それに伴って、繊細な身体感覚、上手に身体を使う技がずいぶん失われているように感じます。

たとえば、先日こんな話を聞きました。

ある七〇歳を超えた女性が、熱が上がったり下がったりを繰り返すので、病院にかかったところ、入院してさまざまな検査を受けたにもかかわらず、原因はわからなかったそうです。血液検査で炎症反応を示す数値が高く出たので、体内で何らかの炎症が起こっていることはわかったものの、医師からは「原因不明」と言われ、状態もよくならないまま退院することになりました。

それで、私も長年お世話になっている整体協会の野口裕之先生のところに、その女性も縁があったので行ったところ、野口先生は一目見ただけで「これは、おたふくじゃないですか」と言われたそうです。おたふく風邪、つまり耳下腺炎は子どもの病気として知られていますが、大人がかかることもあり、なおかつ、大人になってからかかると長引いて大変なのです。だから、熱が上がったり下がったりを繰り返していたのです。

それにしても、おたふく風邪というのは耳の下や顎の下のあたりが腫れて熱が出る病気です。もしもその医師が検査の数値ばかりを見るのではなく、ちゃんと相手の顔を見て、触れていれば、すぐに腫れに気づいて正しい診断を下せたでしょう。

昔は、今のように検査が発達していなかったからこそ、顔や舌、皮膚などを観察する「望診」、脈や腹、背中に触れる「切診」、声や呼吸、咳などを聴き、口臭や体臭などを嗅ぐ「聞診」など、自分自身の感覚を研ぎ澄まし、的確に病気に対応できる名医がいました。ところが今は、下手にいろいろな検査が発達してしまったために、検査の数値にばかり目を向け、大事なことを見逃してしまったり、自分の感覚が育っていない医師が増えているのではないでしょうか。それはもちろん、医療の世界だけの話ではありません。

子どもの頃にネイティブな感覚が育まれなくなった

身体を上手に使う人が減っている、繊細な感覚をもつ人が減っている背景には、子どもの頃の環境があるのだと思います。

昔は、薪を割って風呂を沸かしたり、井戸から水を汲み、桶に入れて運んだり、そうした家事労働を子どもの頃から行なっていました。また、上手に身体を使って家事労働を行なう大人たちを子どもの頃から見ていました。そうした生活がなくなった影響は大相撲によく表れています。

今、大相撲の世界でなぜこんなにもモンゴル出身の力士が強いのか、日本人の力士を圧倒しているのかといえば、モンゴルの生活環境は戦前の日本のようなもので、不便だからこそ、幼少の頃から身体を使って家事労働をすることが当たり前だからでしょう。

たとえば、モンゴル出身の横綱として強烈な印象を残した朝青龍は、六歳の頃、二〇キロぐらいの石を運ぼうと格闘していたそうですから、子どもの頃から〝生きるための仕事〟をして自然と身体をつくってきたのだと思います。

誰に習うともなしに幼少の頃に身につけたものというのは、ネイティブな感覚です。たとえば、物を見ることもそうです。これは、誰にも習いません。でも、実は自動的に見えるようになるわけではなく、ものすごい学習の上に「見える」という能力を獲得するのです。ただ、その学習は大変さを自覚する前なので、我々は覚えていないだけなのです。

ですから、大人になって開眼手術を受けた人は、すぐに見える喜びを感じることはないようです。まあ、以前に視覚が働いていた記憶のある人は、映画やドラマの世界のように、手術後に眼帯をパッと外したら世界が鮮やかに見えて感動するということもあるでしょうが、視覚を自覚する以前に失明した人は、むしろ、今までは暗闇のなかで、ある意味安らかに生きていたのに、急に余計な信号がどんどん頭の中に入ってきて、戸惑うそうです。言うなれば、訳のわからない言語をワンワン言われ続けるようなものなのでしょう。

それは、解剖学的には見えるようになっても、見えて便利という感覚というか能力が育っていないからです。

同じように、感情の働かせ方にしても、最初から身についているわけではありません。親兄弟や友人らとかかわり、いろいろな経験をするなかで、自分が不利になったときにムッとする、羨ましく思うといった感情の働かせ方が自ずと身についていくのでしょう。ある程度の物事の原理がわかってきてから、そうした感情も身についてくるのです。こうしたことも、誰に教えられたわけでもなく、学校で習うわけでもなく、ひとりでに身につくネイティブな感情といえます。

私が、今の新型コロナウイルス感染症対策でマスクで顔を覆ったり、人との距離を取ったりすることに大変な危惧を感じているのは、大人にとっては一時の我慢かもしれませんが、子どもたちにとっては、特に○歳から一歳ぐらいのネイティブな感情や感覚がどんどん育まれるときに、入るべき情報がなかったら、その子たちの成長がどうなるのか、まったく予測のできない問題が生じるのではないかと思うからです。「コロナ世代は人付き合いができない」「人の感情が読み取れない……」なんてことにならないか。恐ろしい人体実験をしているようで本当に気になります。

話を戻しますと、子どもの頃に家事労働という生きるための仕事を行なっていた時代には、上手な身体の使い方も繊細な感覚も、ネイティブなものとしてひとりでに身についていていたはずです。しかし、世の中が便利になり、薪を割る、その薪で飯を炊いたり風呂を沸かす、物を運ぶ、木を伐る、草を刈るといった〝仕事〟として身体を使う機会がすっかり減った今は、物を見る経験がなければ見えるという感覚が育たないのと同じで、身体の使い方も育たなくなっています。我々は、便利さとの引き換えに、人としての能力をどんどん衰退させているのです。

感覚は、身を守る術

なぜ上手に身体を使うことや身体感覚が重要であるかは言うまでもないでしょうが、あえて例を挙げるなら、たとえば食べ物を口にして、あるいは臭いを嗅いで「あれ、おかしいな」と気づくことも、自分を助ける大切な感覚です。今は食品のパッケージに書かれた賞味期限を見て「食べられるか、食べられないか」を判断する人が多いのかもしれませんが、私たちには味覚や嗅覚があるのですから、臭いを嗅ぎ、一口味見をすればわかるものです。

味覚といえば、長野には毒キノコを試す会があるそうです。今もその会があるかどうかわかりませんが、私が聞いた話ではその会はキノコ採りの達人たちが集まっていて、知識豊富な達人の目で見ても毒キノコなのか、食べられるキノコなのか見分けがつかないものもあり、そのときにはとりあえず食べてみるそうです。

当然、食べてみたら毒キノコだった、ということもあります。毒キノコの場合、もうすごいらしいです。「ああ、これ、毒かなあ」と思ったときには、ウワーッと苦しさに襲われ、何時間も七転八倒して、あまりの苦しさに爪が全部はがれるほどに手で、あちこちをかきむしってしまう。キノコの毒性分であるアルカロイドに解毒剤はなく、七転八倒しながら耐えしのぶしかないそうです。ただ、「わー、死ぬかもしれない」と思うと同時に、「ああ、自分は生きているんだ」「もっと生きたい」と強く実感するそうで、それがたまらなく癖になるという話を聞きました。

これは特殊な例かもしれませんが、たとえば、日本ほど衛生環境が整っていない海外に行って水や食べ物を口にするとき、あるいは、災害や事故に巻き込まれて食べるものがろくにないようなときなど、サバイバル的な環境に身を置いたときには、当然、「これは食べられるのか」「これは口にしても危なくないか」といった感覚を研ぎ澄ますことが必須でしょう。

夜道を歩いていて何か嫌な感じがする、誰かにつけられているような気がするといった感覚も、大事な防御反応です。事件や事故、災害など、世の中には自分では防ぎようがないと思われる出来事も起こります。常識的には防ぎようがない事故などでも、「あれ、なんだか嫌な感じがするな」とあらかじめ気づけば、巻き込まれないように回避することはできます。

昔から「虫の知らせ」という言葉があるように、悪いことが起こるときには身体のどこかで予感しているものです。ところが普段、大脳ばかりを働かせていると、大脳のほうが勝ってしまい、せっかく「悪いことが起きそう」という感覚を得ても、「おかしいな」と自分で気づくところまで上がってこなくなるのです。

そこで知っておくとよいのが、「三脈の法」です。

「三脈の法」は「三脈探知」とか「吟味」などとも呼ばれ、修験者や一部の武術家らの間に伝わっていたもので、三つの脈を押さえて、それらがずれていないかを確かめるというものです。具体的には、左手の親指と人さし指で喉の横を通っている左右の頸動脈を押さえ、その押さえている左手の甲側に右手を重ねて、右手の中指で左手首

三脈の法

1

左手の親指と人さし指で左右の頚動脈を押さえる

2

さらに、右手の中指で左手首の脈を押さえる

の脈を押さえます。普段は同時に打っている三か所の脈がもしもずれていたら、それは身体が危険を知らせているということです。

命にかかわるような危険が迫っているときに、頭ではわからなくとも、身体はその危険を察知しているということで、その表れが、三脈のずれなのです。

これは古人の知恵で、三脈によって命が救われたという話は数多く残されています。

たとえば、太平洋戦争中に空襲を受けたときには、三脈を確かめながら逃げ場を探し、三脈が乱れないところに留まっていたら爆撃から逃れられたという話があります。また、防空壕に避難した人が、三脈を確かめたらずれていたので、「ここにいたら死ぬぞ」と叫んで飛び出したところ、その声につられて一緒に出た人は二、三人で、あとの人は「避難のために防空壕に入ったのだから……」と、そのままそこに残ったそうです。その後、焼夷弾がその防空壕の入り口に落とされ、中に留まっていた人たちは全員蒸し焼きのようになって亡くなったという話も聞いたことがあります。

その他にも、ある人が電車に乗る前になんとなく三脈を確かめたらずれていて、なんとも嫌な予感がしたので、その電車を見送ったところ、その電車が事故を起こしたという話も聞きました。

昔から、船が沈没するときには、その船にいたはずのネズミがいなくなるといわれます。ネズミがどうやって危険を察知しているのかはわかりませんが、同じように、人間にも危険を察知する能力が身体に備わっているのでしょう。

地震や台風、事故などを心配して「なんとなく嫌な予感がする」「行くべきかどうか迷う」「ここにい続けていいのか迷う」といったときには、三脈を確かめることをおすすめします。なぜ身体が危険を察知できるのか、今の科学で証明することはできませんが、先例は数多くあるので、勘に頼るよりはずっとよい方法だと思います。

人付き合いも、身体感覚から

人付き合いにしても、身体感覚が大切でしょう。

異性でも同性でも仲良くなる人とは、どこか身体感覚の同調性があるのだと思います。だからこそ、波長が合い、パッと話が合うのではないでしょうか。

こと対人関係での優れた身体感覚の持ち主といえば、もう四半世紀以上にも及ぶお付き合いとなる名越康文・名越クリニック院長にもしばしば驚かされます。

最初に出会った頃、名越院長は、都立松沢病院と並ぶ公立の二大精神科病院の一つといわれる府立中宮病院（現・大阪精神医療センター）に勤務されていました。公立の精神科病院なので、薬物中毒で錯乱状態の人、事件を起こして血みどろになって警察に連れられてくる人……など、大変な状態の精神病患者が運ばれてくるわけです。

そのなかで名越院長は、精神科救急病棟の責任者をされていました。

暴れたり、ちょっと目を離したすきに自殺を図ったり、異食といって床のタイルをはがして食べてしまうような人がいたりといった手ごわい患者たちを相手に、名越院長の瞬間的な対応力は凄まじく、「名越マジック」と呼ばれていたそうです。

あるときには、同室の人に暴力をふるった患者が、保護室という隔離された部屋へ行くことになり、ものすごく暴れていたので、名越院長が「あかんよ、暴力をふるったら」と声をかけたら、「ハーン」と反抗的な態度で突っかかってきたそうです。それに思わず「ひーっ」と名越院長が言ったら、患者は「ふーっ」と言い、『へーっ」と返してから、最後に二人揃って「ほーっ」と言ったところ、その患者がニコッと笑って、暴力的な態度はいっぺんに収まったそうです。その患者にしてみれば、精神科医と即興で寸劇をやったようなもので、すっかり満足したのでしょう。

名越院長は人の本質を見抜くことにおいても本当にすごい感覚の持ち主の精神科医で、たとえば宗教人類学者の植島啓司教授を私が名越院長にご紹介したときには、植島教授に名越院長宅へ来ていただいたのですが、私はそれまで、この植島教授を本当に丁寧で腰の低い穏やかな人物としか思わなかったですし、たまたま同席した岩淵輝・

明治大学教授（現）も私と同様の印象しか受けなかったとのことでした。しかし、当の名越院長は出会って一秒もしない間に「ウワッ、生き残っていたのか、シベリア狼は……」と、植島教授の凄まじい迫力というか殺気を感じたそうです。

実際、植島教授はご自身でも持て余すほどの凄まじいものを内に秘められていて、話の中でサラリと「僕は攻撃性が人の一〇〇倍ぐらいありますから」と言われたことがありました。しかし、それを自覚されているからか、以前まだ中学生だった陽紀と話をされたときも、大人に話しかけるような丁寧な言葉を使われていました。

したがって、初めて会った人は誰もが穏やかで丁寧な人物だと感じるようなのですが、実は凄まじいものを内側に燃やされているようです。名越院長には、そういう人物を一目で見抜くほどの眼力があるのです。

この「生き残っていたのか、シベリア狼は……」という話は、植島教授が帰られてすぐ名越院長から聞き、あんまり驚いたので「なぜ、わかるのですか？」と聞いたところ、「え、なぜわからないのですか？」と返され、恐れ入ったことを覚えています。

電車の中でじゃれ合っている高校生に遭遇したときにも、ある一人の子が席に座ってカバンを持たされて「なんで俺が持たなきゃなんねえんだよ」と言っているのを見て、一見、態度が大きいように見えるその少年が、「人目のないところでは彼がいじめられているのでしょうね」と見抜かれていました。そういう微妙な人間関係を一目で見抜いてしまう観察眼、直観力は、本当に恐ろしいばかりです。

今、ほとんどの精神科医が薬を出して終わりという対応のなか、名越院長が瞬時にその人の本質や微妙な人間関係を見抜き、咄嗟に対応できるのは、ちょっとした仕草や喋り方、些細な表情の変化から読み解くこともあるのかもしれませんが、もっと直観的・体感的に感じるからでしょう。そうしたところにも、身体感覚を使っているかどうか、身体感覚が育まれているかどうかが表れるのだと思います。

筋トレでは本当に役に立つ筋肉を育てるのは難しい

身体を上手に使えるようにするためにはどうしたらいいかというと、筋トレを思い浮かべる人は少なくないかもしれません。最近は高齢者でも、ジムに行ったり介護予防のための施設に行ったりして筋トレに励む人が増えていると聞きます。むろん、何もしないよりは身体を使ったほうがいいに決まっていますから、まったく身体を動かさない生活を送るよりは、筋トレを行なったほうがいいでしょう。

ただ、筋トレをすれば身体をうまく使えるようになるかというと、これはまた別の話です。

筋トレで効果を上げようとする人は、早く疲れたい願望があるように感じます。筋肉に早く負荷をかけて早く疲れさせよう、これだけ疲れたのだから筋肉が刺激されて太くなるだろう。そんなふうに「早く疲れよう、早く疲れよう」として筋肉に負荷をかけていると、確かに筋肉は希望どおりに太くなります。

ですが、早く疲れるというのは、身体のある部分に多くの負荷をかける『下手な身体の使い方』なのです。下手に身体を使い、筋肉を太くすることで、うまく身体が使えるようになるわけがありません。つまり、上手に身体を使いたいと思って始めたトレーニングが、下手に身体を使う練習をせっせと行なっているようになってしまうのです。

その点、仕事は違います。仕事であれば、当然、疲れるためにやっているわけではありませんから、なるべく疲れずに効率よくやろうとします。ですから、子どもの頃から家事労働を行なっていた時代には、自ずと、上手に身体を使えるようになったのです。昔の力士が強かったのは、農作業や山仕事など、仕事でつくった身体がその基礎にあったからでしょう。

部分にかかりそうになる負荷を身体全体でうまく受け止めて、部分が負荷を感じないようにする。そして、筋肉の緊張と弛緩のグラデーションが速やかに変化するようにする。それが、身体を上手に使うということです。

重い荷物をただ持ち上げるといった単純な動作であれば、筋トレで鍛えた筋肉でも役に立つでしょう。しかし、武術はもちろんのこと、さまざまに変化する連続的な動きや咄嗟の動きなど、本当に役立つ動きを身につけるには、筋肉が緊張から弛緩へ、弛緩から緊張へと目まぐるしく変化する必要があります。ある動作をするときに、余計な緊張が残っていたら邪魔になり、拙い動きになります。

ところが、筋トレでつくり上げたような大きな筋肉というのは、緊張から弛緩へ、弛緩から緊張への速やかな変化が決して得意ではありません。実際、以前に招かれて行った千葉大学の医学部でも、筋トレを行なうことで緊張した筋肉がうまく緩みにくくなっているとの研究結果が出ていると聞きました。

かつて、といっても近代に入ってからですが、信じがたいほどの身体能力を身につけた人物として、私がまず思い浮かべる一人が、幕末に奈良の十津川に生まれ、明治・大正と生きた剣客・中井亀治郎です。この人物には、土砂崩れが起きた直後の山の急斜面に、空の醤油樽を転がし、落石のような速さで転がり落ちていく樽を棒で叩きなから駆け降りていった、といった凄まじいエピソードが残っています。現在、世界中見渡しても、こんな動きができる人は一人もいないのではないでしょうか。

その驚異的な身体能力は、猿と遊びたいという一心で、子どもの頃から逃げる猿を追いかけて木の枝から木の枝へ飛び移っていくことで身につけていたようです。時には何キロもの長い距離を、一度も地上に下りることなく、そうやって枝渡りで移動していたといいます。亀治郎の身体は、全身、針金をより合わせたような細かい筋肉が発達していたそうです。細かく筋肉が分かれて発達したことによって、目まぐるしく緊張と弛緩を切り替えることが可能になり、前述のような信じがたいほどの動きが可能となったのでしょう。そうした細かい筋肉は、ただ重い物を持ち上げる、押すといった単純な動きでは絶対に身体に備わってきません。

また、何より私が現在の筋トレに対して抱く違和感が、必然性の欠如です。安全なところで、「重い、重い」と感じながらダンベルを持ち上げたり、マシンを押し返したりすることに、人間の本能的な意識はまったく必然性を感じていません。「このトレーニングをすれば筋肉がつく」などと大脳を通して頭で考える効用に従っているだけであって、直に身体が感じる必然性ではありません。

役に立つ筋肉をつくり、動きの質を高めるには、「今行なっていることが自分にとって高い必然性がある」ということが、最も重要です。その意味では、亀治郎が行なっていた枝渡りは、猿と遊びたいという心からの興味と、落ちたら大怪我をするという危険を絶えず伴うものですから、これほどの必然性は、そう滅多にありません。

これほどの必然性はなくても、単純な筋トレよりも、たとえば木刀や杖を振ったりするほうが、「こういう技ができるようになりたい」「ああいう動きができるようになりたい」といった物語が自分の中で広がり、やる気や楽しさとともに必然性が生まれます。高齢者に剣術を教えている人に話を聞くと、高齢の人も木刀や杖を振ると目の輝きが変わるそうです。

力だけでなく働きのある筋肉をつくり、身体をうまく使えるようになるには、単なる筋トレではなく、興味をもって取り組めるもので、必然性を感じながら身体を動かすことができる状況が不可欠だと思います。

凄まじい能力を開発した肥田春充翁

私が最初に書いた『表の体育　裏の体育』という単行本のなかで主に紹介した、「肥田式強健術」の創始者である肥田春充翁は、晩年にますます身体感覚が研ぎ澄まされ、凄まじい能力を次々と開花させていった人物で、人間離れしたエピソードを数々残しています。私は書籍や門人の方々からも、いろいろなエピソードを知りましたが、次女の肥田和子さんから、そして和子さんの夫君で肥田翁の養子として肥田家に入られた肥田通夫先生からも、さまざまな息を呑むエピソードを直接伺いました。

肥田式強健術とは今でこそ一般にはほとんど知られていませんが、戦前は一世を風靡した健康法であり、鍛錬法でした。肥田翁は、生まれつき病弱で子どもの頃には棒のように痩せ細っていたのですが、あまりにも病弱だったからこそ、その身体を改造しようと、医師であった父親の書斎にあった解剖学や生理学の本を読んで研究を始め、さらには古今東西のさまざまな体育、運動法、健康法の書籍を読み漁り、自分自身の身体をもって実践していった末に、下腹丹田を重視した独自の鍛錬法である肥田式強健術を創出したのです。

肥田翁は、この強健術によって中年の頃、厚さ二・四センチメートルもの板を足の形に踏み抜くなど、驚異的な力を身につけたのですが、晩年の研究で発揮された能力はまさに超人的だったようです。たとえば、おもちゃのような弓に矢をつがえて、目隠しをして、一〇メートルほど離れたところにあるストローほどの太さの針金一本の的を何度射ても、ただの一度も外れたことはなかったそうです。針金の芯に当たらず、かする場合はあったものの、かすりもしないことはついに一度も見なかった、と先述の肥田通夫先生からも聞きました。しかも、肥田翁は何でも完璧にする人でしたから、目隠しも、鉄板に布を重ねてつくった円筒形のものを頭からすっぽりと肩までかぶって、上からも下からも絶対に見えないようにした上で弓を射ていたそうです。

ある人が「いくら先生でも千回、万回やったら一度くらいは外れませんか」と尋ねたところ、その答えがまた凄まじく、「いや、当ててから放しているから外れることはありません」というものだったそうです。時間に関して独自の感覚が開かれていたのでしょうね。

また、こんな話もあります。「超時間計算」といい、サイコロ状に切った角材の各面に厚紙を貼って、そこに三桁、四桁、五桁の数字を書き、それらを板の上に二〇個くらい載せて同時にバーンと床へと放り投げると、そのサイコロが転がっている最中にかなりの桁の数字を二つ走り書きするのです。一つは、転がって止まったサイコロの上の面に書かれている数字の総和で、もう一つはサイコロの床についている面に書かれている数字の総和なのです。驚くのは、サイコロが転がっている最中、つまりは目が揃う前に一気に書いたということ。そして、目が揃ってから、当時ですからソロバンで計算をすると、ピタリと合っていたとのことです。なぜそんなことができるのか、本人も「自分になぜ透視と超時間計算ができたのか、あれは今もって不思議だ」と、亡くなる前に述懐されていたそうです。

今のような例以外にも、三日先に来る人が何を話し、どこに座り、立ち上がろうとしたときに足がしびれて思わずよろめいて、目の前に置かれた茶椀を蹴飛ばして、そのお茶がどういう形に広がるか、というところまで見えたといいます。すべてが自分の見えたとおりになるので、現実が、まるで再放送のテレビ番組を見ているような感覚だったようです。

　こうした能力に関して、肥田翁は「この頭脳の澄み渡って如何なる宗教的哲学の真の真まで見きわめることが出来たのは（肥田翁にはそういう自信があったようです）何たる幸福であろうかと今迄思っていたが、その頭脳の透徹がその反面に、非常な苦悩を伴うものであるという事が今になって分った」と、最晩年の亡くなる一か月半ほど前に述懐されています。それは、これからはるか先の世界が、まださまざまな混乱や争いがなくなっていないことをハッキリと感じ取り、絶望感にさいなまれたからのようです。

　肥田翁が見ることができたというはるか先の世界が、肥田翁が見られたとおりの世界になるかどうかは私にはわかりません。ただ、三日先に来る人の言うこと、なすことがわかり、偶然のように思われる些細なことまで見えたとおりになってしまうのですから、なんともやりきれなくなり、生きていこうという意欲が消失してしまったのだと思います。

絶望感の末に生きる気力を失った肥田翁は、拒食症どころか拒飲症になり、水さえも拒むようになってしまったとのこと。つまり、生きようとすることを本能レベルでやめてしまったようです。そうして食も水も絶った四九日目にこの世を去りました。水さえ飲まないで四九日も身体が持ったのは、家族の懇願を受けて水分は浣腸で下から入れていたからでしょう

肥田翁の話はまさに超人的なエピソードばかりです。私は通夫先生に直接伺ったので、驚きながらも「身体の感覚を研ぎ澄ましていった結果、そうなってしまったのだろうな」と深く実感しました。多くの人は「そんなことあるものか」と信じがたいかもしれませんが、私が肥田翁が行なった数々の超常的能力が事実だと思う最大の根拠は、肥田翁は大変「科学的であること」にこだわった人物で、超常的な現象はもともと強く否定していたからです。

私は今まで生きてきて、現代の科学では説明できないような不思議な能力を何度か目撃しておりますし、私の武術の術理も、なぜか「人は人の心が読める」ということ

を逆利用した「影観法」からの一連の気づきを展開中ですから、人間は誰しも今の武道やスポーツの科学的常識では説明がつかないような能力を潜在的にはもっていることを確信しています。

色の違いが触ってわかる全盲のマジシャン

存命する驚異的な身体感覚の持ち主では、武術とは離れますが、雀鬼の異名で知られる、二〇年間無敗だった麻雀の桜井章一・雀鬼会会長も、常識をはるかに超えた能力の持ち主です。私も何度となくその能力には驚かされました。

この桜井会長のことは今までに何度も紹介しておりますので、今回はリチャード・ターナーという全盲のマジシャンについて、ちょっと紹介したいと思います。ターナー氏は、六〇歳を過ぎた現在でも、本人以外、他のどんなマジシャンも真似のできない、超絶的な技を実演しています。

封を切りたての新しいトランプは、スペードやハートなどのマークごとにすべてエースからキングまで順番に揃っています。それをさんざんシャッフルして、「では」と広げると、何度も何度もシャッフルしたはずのカードが、箱から取り出したときとまったく同じ順番できれいに並んでいるのです。そうした技は、他のマジシャンから見ても、どうしてできるのかわからないそうです。つまり「マジックなら、あの辺で『すり替える』」という何か怪しげな様子がまるでないまま、このマジックをやってのけるのです。

ターナー氏は、子どもの頃から徐々に視力を失い、四〇歳を過ぎて完全に見えなくなったそうですが、二〇年以上もの間、起きているときは片時もカードを手離さず、手で触り続けて訓練したそうです。トランプには赤と黒のカードがありますが、「赤と黒では温かさが違う」とのことです。色が違えば、厳密に言えば確かに触れたときに温度が違うのでしょう。でも、ごくごくわずかな違いです。その違いが、触れただけでわかるというのです。

おそらくカードのほうから語りかけてくるような感覚があるのではないでしょうか。

視力が失われているからこそ、目に頼れないからこそ、人間が潜在的にもっている、超絶的能力が目覚めてくるという面があったのだと思います。

私自身、若い頃に比べれば視力はずいぶんと衰えていますが、たとえば稽古で木刀や竹刀などをもって相手と向き合った瞬間に、相手がどのくらいの力量の持ち主なのかはパッとわかります。「ああ、これは簡単に打てるな」「あ、これはちょっと大変だぞ」といったことが、どうしようもなくわかるのです。それは、目で見ているというより、身体全体で感じ取っているのでしょう。

二〇二〇年に刊行した『上達論』の共著者で、武術に関して独自な立場で研究を行なっている方条遼雨氏と二年前に剣術の稽古を行なったときには、向き合った瞬間に「ウワッ、これは刀の柄を、今までのように持っていてはとても間に合わない」と思い、それまでの持ち方を捨てました。そして、自動的に指をほとんど開いて、柄を極力持たないような持ち方に一秒で変えたのです（その後、他の身体の使い方が変わってきたので、だんだんとまた元のような持ち方に見た目は戻ってきていますが、持ち方の中身は以前とはずいぶん変わりました)。

身体の感覚、感受性のレベルというのは、単なる視力や聴力、筋力といったこととはまた別な話なのです。

紐一本で人間のもつ潜在能力を引き出してくれる「ヒモトレ」

驚くような身体感覚の持ち主として、肥田式強健術の肥田春充翁やマジシャンのリチャード・ターナー氏のことを紹介しましたが、こうした超人的とも思えるような不思議な能力は、人間誰しも潜在的にはもっているのだと思います。それを発揮できるかどうかは、潜んだ能力を引き出せる縁に出合えるかどうかという運次第でしょう。

私は、「影観法」に気づいてから、人が人の心の動きを読む働きは昔の人に比べれば衰えたとはいえ、現代人にもまだまだ驚くほどそうした能力が残っていることを痛感しています。「影観法」は、相手が私の心の動き(表の意識が働いているのか、裏の意識が主導しているのか）を敏感に察するからこそ成り立つ技なのです。

また、人間は誰しも不思議な感覚をもっているということを、ごく容易に誰もが実感できる方法があります。それは「ヒモトレ」です。

ヒモトレの「ヒモ」は「紐」で「トレ」はトレーニングに由来していますが、複雑なトレーニングを要するわけでも、特別な練習が必要なわけでもありません。ただ丸紐を身体に巻くだけで、普段よりも強い力が出せたり、動きがスムーズになったり、身体の痛みが和らいだり、誰でもすぐに効果を実感することができます。

たとえば、太さ六ミリ程度の丸紐そのままか、四ミリ程度の丸紐を鎖編みにしたもの四メートルほどを「四方ダスキ」と呼ばれる前後に紐が交差する形にして上半身に緩く巻きます。そして、床に体育座りの姿勢でしゃがみ込んだ私が腕を伸ばして相手の両手を掴んだ状態で、そこから引き起こしてもらうということを、講座や講習会の折りに、しばしば参加者に協力してもらい実演してきました。

あえて私と体格差のある小柄な女性に協力してもらうと、最初に紐なしで試したときには、とても引っ張り上げられそうにありません。次に、紐を緩く膝下に巻いて同じように試すと、不思議なことに引き起こすことができるのです。
これまでに二〇〇〇人ぐらいには試していますが、一人の例外もありません。紐なしでは立たせられなかった人が紐を巻くだけで立たせられるようになり、紐なしでも力づくで立たせられた人は、紐を巻くと驚くほど楽に軽い力でできるようになります。試した人はみなさん「え？　どうして？」と驚き、私自身も最初の頃は大変に驚いたのですが、一人の例外もなく効果を発揮するので、最近では紐の効果を目の当たりにしても「まあ、そうだろう」とごく自然に受け止められるようになりました。

なぜ紐を緩く体に巻くだけでそんなにも効果が出るのか、プラセボ、ノセボといった心理的な効果にも微妙に関連しているようにも思いますが、ちょっと変えて「これでもきっと効果があるだろう」と予想したやり方では効果がなかったりして、とても単なる心理作用ということでは説明がつきません。ただ言えることは、紐を感知することで身体の各部位があるべき位置を確認し、身体各部のつながりがよくなり、自ずと身体をうまく使えるようになるのだと思います。

「四方ダスキ」をかける

紐を着けない状態

座っている人の両手を掴んで引き起こす

座っている人の両手を掴んで引き起こす

軽い力で立たせることができる

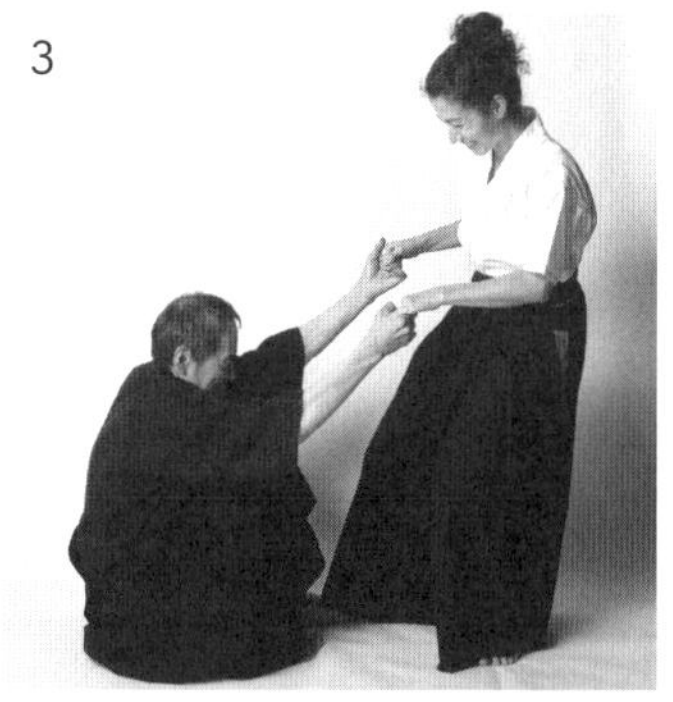

力を入れても立たせることができない

「四方ダスキ」のかけ方。必ず右肩から行なう

不思議なことに、「紐を緩く巻く」ことが大切で、ギュッときつく巻くと、紐を巻いていないときと同じように力を発揮できなくなります。また、紐の形も大切で、平打ちの紐ではなぜかほとんど効果は表れず、これもまた一人の例外もなく、丸紐か、丸紐を鎖編みした紐でなければダメなのです。さらに不思議なのは、厚いダウンコートの上から巻いても同じように効果があるということです。丸い紐なのか平らな紐なのか相手にわからないようにして巻いても、やはり平紐の場合は効果がなく、丸紐を巻いたときだけ効果が表れます。緩く巻いた紐が、分厚いダウンコートの上からであるにもかかわらず、丸いのか、平らなのか、皮膚が感知できるとは到底思えませんが、なぜか身体はその違いに確実に反応するのです。これは不思議としか言いようがありません。

ヒモトレは、二〇年以上前から私が親しく交流している山形在住のバランストレーナーである小関勲・小関アスリートバランス研究所所長が創案し、今ではスポーツ界のみならず介護や医療の分野にも広がり、その効果が驚きとともに受け止められつつあります。紐を巻くだけで楽に身体を動かせる、力を出せるということもそうですが、加えて、私はヒモトレの意義というのは、人間は誰しも精妙な身体感覚をもっているということを、すべての人にハッキリ証明してみせられるところにもあると思います。人間の身体感覚の不思議さというものは、いくら探求してもしきれません。それを誰もがすぐに味わえるのが、ヒモトレなのです。

「四方ダスキ」は必ず右肩から始める。不思議なことに左肩から始めると、ほとんど効果がない

四章
人生を助けてくれる「技」

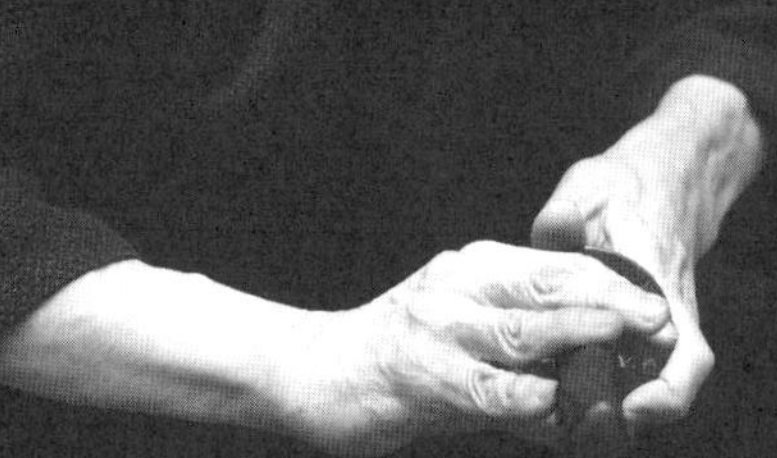

転倒から身を守る「転び方」

二本足で歩いている人間にとって、いちばん身近なよくある非常事態は、転倒です。現実に、転倒をきっかけに骨折して入院することになり、骨はくっついたけれど足腰が弱くなって歩けなくなった、寝たきりになった、認知症になった……という話をよく耳にします。転んだときに受け身ができていれば、それで少し服が汚れたにしても、こうした問題に比べたら誰しもそのほうが望ましいでしょう。

ですから、転倒したときに安全に身を守る転び方ができること、つまり上手に「受

前から受け身を取る

顎を引いて背中を丸める

後頭部を打たないようにコロンと転がる

け身」を取れるようにしておくことは、それがきっかけで「寝たきり」や、「認知症」にならないように気を使う高齢者以外でも、年齢問わず誰にも必須なことです。

転倒したときに身を守る第一の要点は、顎を引いて背中を丸め、後頭部を打たないようにすることです。立った姿勢のままバタンと倒れるから大ごとになるのであって、倒れるときになるべくコロンと身体を丸めて玉が転がるようにすれば、身体全体で力を吸収することができます。

この「受け身」はどのくらいまでできるようになっていれば実地で役に立つかというと、立っているときに足の下に敷いた敷物をいきなり引っ張られて、足を払われ

足元の敷物を引っ張られる

足を払われたような状態からそのときの状況で、前廻りに受けを取るか、側面に倒れる形で受けを取るか、ギリギリ顔を守って前腕を八の字にしてうつ伏せで受けを取るか、などの方法がある

たような状態になっても、咄嗟にパッと受け身を取れるくらいになれば、安心です。ただ、こうしたことは初めて受け身の稽古をする年配の人の目標としてはハードルが高いですし、立っている状態から転ぶのは危険でしょう。

ですから、年配で慣れない人は、座った状態から後ろに転がるようにして受け身を取る稽古を始めるのがいいと思います。しゃがんだ状態から、身体を丸める感じでコロンと後ろに倒れ込み、振り子のように元の姿勢に戻る。倒れ込ん

後ろに転がるように受け身を取る

体を丸める感じで後ろに倒れ込む

目でお腹を見るようにすると、後頭部を打たない

振り子のように元の姿勢に戻る

で背中が床につくときに、目でお腹を見るようにすると、自然と顎が引けて、後頭部を打つ危険性が低くなります。

火事などの非常時に安全に避難するための「非常口」をビルなどでは設けることが義務化されているというのに、転倒という身近な非常事態の〝救助装置〟といえる「受け身」が体育で取り上げられないのはおかしなことです。私は、本来「受け身」は、幼稚園や小学校の体育で最初に教えるべきものだと思います。

「受け身」は、自転車や泳ぎと同じで、一度身につければ一生忘れません。それなのに多くの人が転倒から骨折、寝たきり、認知症といった事態に陥っているのは、「受け身」が身についていないからでしょう。これは、体育を担当している文部科学省の怠慢ではないでしょうか。

とはいえ、結局自分の身は自分で守るしかありませんから、今からでもまずは後頭部を打たないように後ろに転がる練習をして、それができたらバランスボールでも抱えて前に転がる練習をして不意の転倒に備えておくと、いざというときにその人の運命を安全なほうへ導く〝非常口〟になると思います。

転びそうになったときに転ばない技

転んだときに骨折、寝たきり、認知症といった人生の隘路に迷い込まないための〝非常口〟が受け身でしたが、そもそも転びそうになったときに転ばないようにする技も身につけておくといいでしょう。

私は普段、外出時には朴歯の高下駄を履いています。これは雨が降っても衣服にハネが上らないとか、電車の荷棚に荷物を載せやすいというメリットがある一方、高下駄で歩くと、靴であればなんでもないような段差でも、ちょっと下駄の歯が斜めに傾いてカクンとなって転倒しそうになることがあります。

グラッときて「危ない」と思ったときには、瞬間的に膝を抜きます。これはもう瞬間的にパッと膝を抜くことが習慣になっています。

転びそうになったら、膝の力を抜いて、身体を宙に浮かせるようにする。そうすると、おっとっと……とよろめきながらも、なんとか転ばずに済む可能性もあるのです。

私の家の前は坂道になっていて、今はきれいに舗装されていますが、以前は舗装されていないデコボコの道でした。ある日、荷物を入れた袋を刀に通して担ぎ、片手にはバッグを持ったいつもの出で立ちで、その坂を下っていたところ、工事用の針金が直径四〇センチぐらいの輪になって道路に転がっていました。

私は気づかずに、片方の高下駄でこの針金の輪を踏んでしまったのでしょう。どうやらその針金の輪がピコッと立ったらしく、そのままもう片方の足を踏み出したため、下駄の歯がこの輪に引っかかって躓いたわけです。しかも、未舗装のデコボコの斜面ですから、躓いた拍子に勢い余ってどどっとたたらを踏むように足が進んでいるので、転ぶことはもう間違いないと思いました。

そして、「まずは刀を守らなければ」と、倒れる前にどこかで刀を放り出してなるべく損傷を防ごうと考えていたのですが、どどどっと四、五歩進むうちに、だんだん足の運びが、よろめいている上体に間に合ってきて、「おや、これは転ばずに済むかもしれない」という感じがしてきて、なんと転ばずに済みました。このときにも、針金に下駄が引っかかって「危ない」と思った瞬間に、いつもの習慣で膝を抜いたのです。

転んだときに大怪我をしないように「受け身」を身につけるのと同時に、転びそうになったときにおっとっとバランスをとれるように、パッと膝を抜く訓練はしておくといいかもしれません。ただ、この倒れそうなときに膝を抜いてバランスをとる働きは、武術の稽古のなかで自然と養われるもので、かなり瞬間的に動ける身のこなしを必要とします。ですから、この動きを身につけるには実際に武術などの稽古を始めないと難しいかもしれません。

一本歯の高下駄を履いている状態で

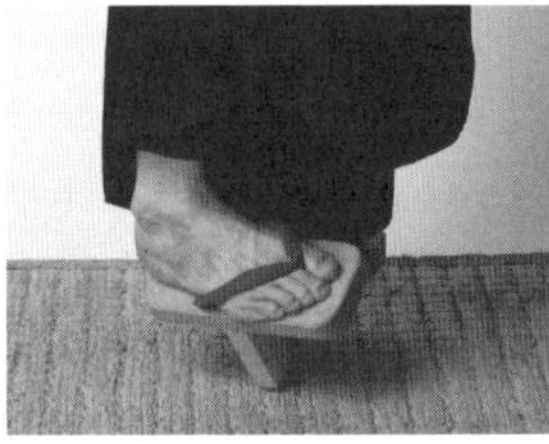

バランスを崩しそうになっても

瞬間的に膝を抜くと転ばない

階段の上り下りが楽になる技

階段の上り下りが楽になる方法として、私が以前から紹介していたのが「虎拉（ひし）ぎ」という手の形でした。これは、手の甲を上にして手を開き、親指を内側に内旋させ、人さし指は親指とは反対方向に旋回させ、親指と人さし指で食い違う丸い輪のような形をつくり、肩を落とすというものです。

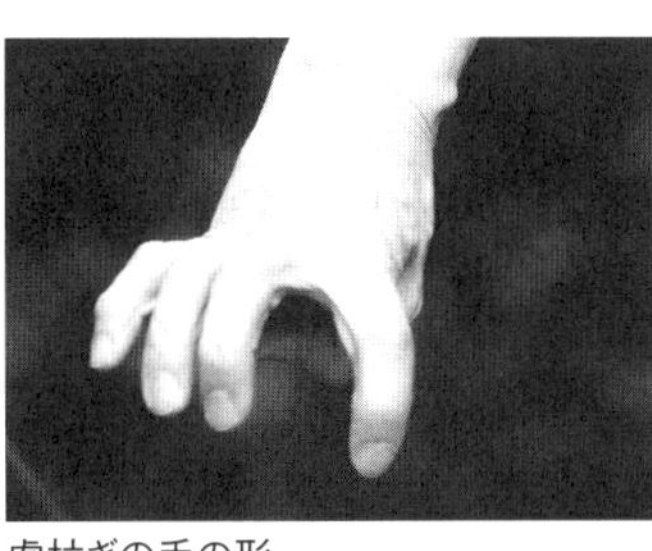
虎拉ぎの手の形

階段の上り下りが楽になる

この「虎拉ぎ」の手の形をつくると、不思議なことに下半身の安定感が増し、階段や坂道での上り下りが楽になるのです。手の形を変えるだけで脇腹のあたりが脚力のサポートをする感覚があり、たとえば少し高い椅子や脚立に足をかけるときに、何かに掴まったり、先に足をかけてから手を振って勢いをつけたりしなくても、そのまま大股で上がれます。

普通、段差を大股でそのまま上ろうとしても、ある程度以上距離があると、段差の上のほうへと上げた足に十分な重心の移行ができません。それは斜めになった後ろ足が重心を前に移動させた体勢を保っていられないからです。ところが「虎拉ぎ」の手の形にすると、上半身の下部が脚力を補佐するようで、重心を前に移動した体勢がかなり保てるようになるのです。

この「虎拉ぎ」よりも、さらに効果があることに二〇二〇年の秋に気づいたのが「火焔（かえん）」の手の新しいバージョンです。以前の「火焔」は、手のひらを開いて、親指を小指の付け根のあたりに当たるように、根元の関節から思い切り折り込むというだけの簡単な形でしたが、最近の「火焔」の手は、親指を小指の付け根あたりをかすめるようにしながら、さらに肩のあたりを絞り込んで、この親指を「ＯＫ」を示すように立てます。そうすると、自ずと手と体幹が一体化して上半身の遊びがなくなり、「虎

火焔の手にすると、さらに階段の上り下りが楽になる

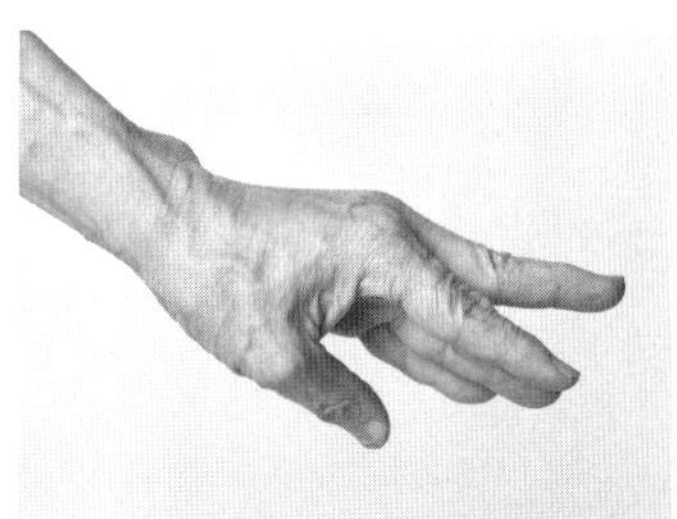

古い火焔の手の形

新しい火焔の手の形

拉ぎ」に勝るとも劣らぬ威力を発揮して脚部を強化するのです。

火焔の手をつくると手と体幹が一体化するという効果は、次のようなことを試していただいてもよくわかります。

二人で向き合って立ち、一方の人が柔道によくあるように相手の襟を掴みます。その掴んできた腕を、掴まれたほうの人がなんとか下へ崩そうと押し下げます。このとき、全体重をかけるようにジャンプをして、この相手の腕を押し下げようとしたとしても、相手はほとんど崩れません。

ところが、力をかける側が「火焔」の手の形をつくった腕で、襟を掴みにきた相手の腕を下へと斬り落とすようにすると、相手は耐えられず崩れてしまうのです。

1

襟を掴む相手の腕を押し下げる

火焔の手の形をつくる

ジャンプをして全体重をかける

相手の腕を下に斬り落とすようにする

相手は崩れない

相手は一気に崩れる

なぜ、そうなるのかというと、まず普通に（火焔の手をつくらずに）押し下げた場合、ジャンプをすると全体重がかかるように見えますが、実際はバランスをとりながらやっているので、十分な重さが乗らず、全体重はかかっていません。ジャンプをするのではなく、相手の腕にぶら下がるようにすれば、重さは拡散されず、全体重がかかるため相手は耐えられないでしょうが、相手に襟を掴まれていては、そういう体勢もとれませんし、そんな恰好では武術として成り立ちません。

一方「火焔」の手の形をつくると、自ずと腕から体幹が一体化し、上半身全体がギチギチッと凝縮するような形になるので、「火焔」の手の形にした腕で相手の前腕に身体を乗せるようにすると、瞬間的にドンと力がかかり、相手は一気に崩されるのです。

この「火焔」の手のつくり方は、簡単といえば簡単ですが、一度実際にこの形を体得した人から直接説明を受けないと、なかなかこの上半身のアソビがなくなる感覚は得にくいかもしれません。ただ、体得できれば、その効果は武術経験のない人でもすぐに体感できますので、階段や坂道でどうぞ試してみてください。

火焔の手のつくり方

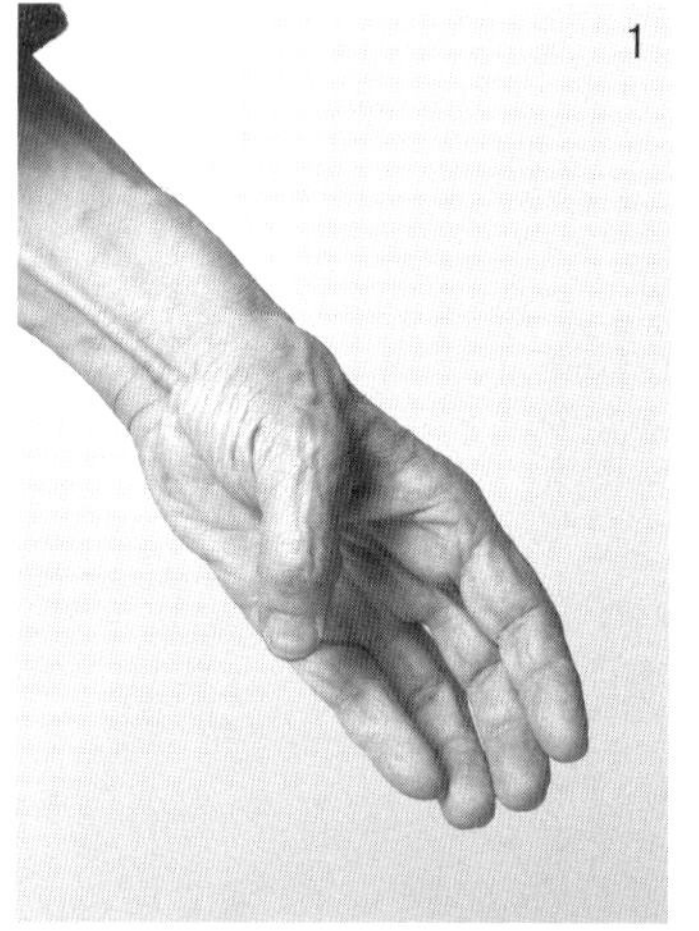

親指に張りを持たせ小指の付け根あたりに伸ばす

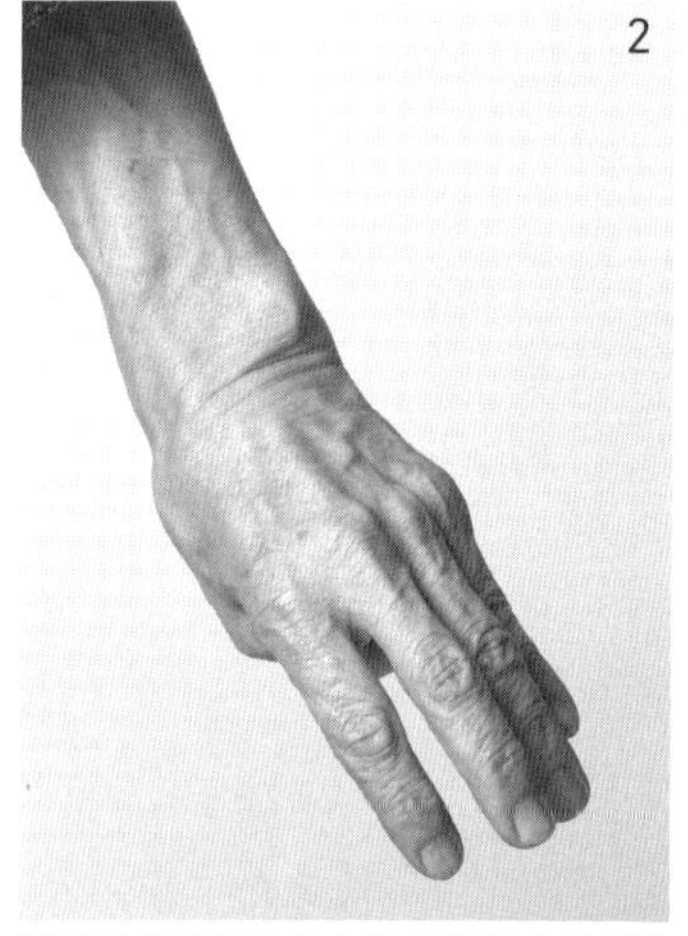

親指の付け根から小指の先に向けて強く張りをもたせ、親指を伸ばす

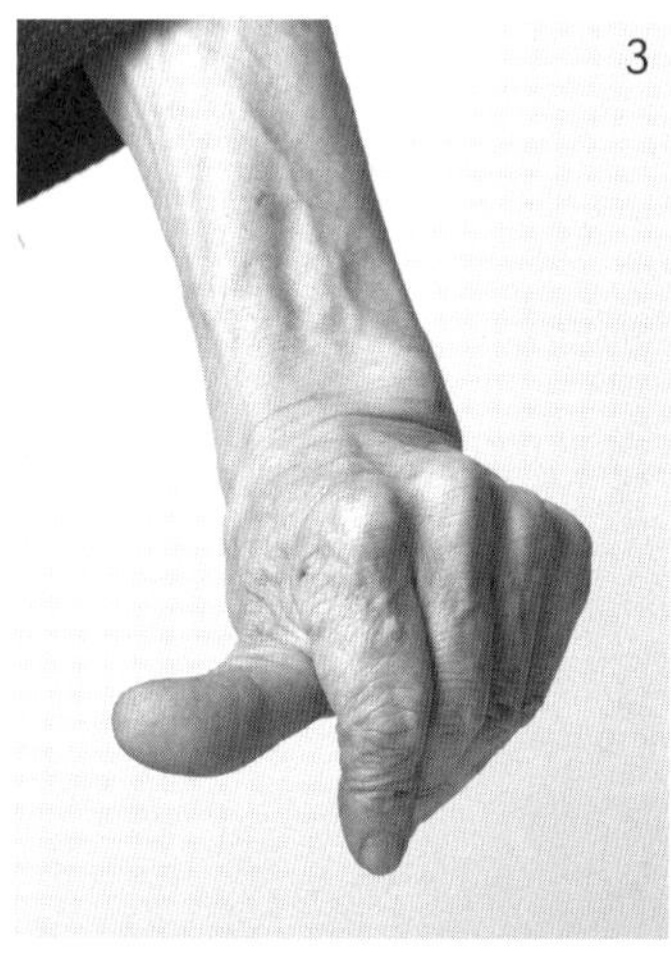

小指から指４本を斜めに横断する形で親指を伸ばす

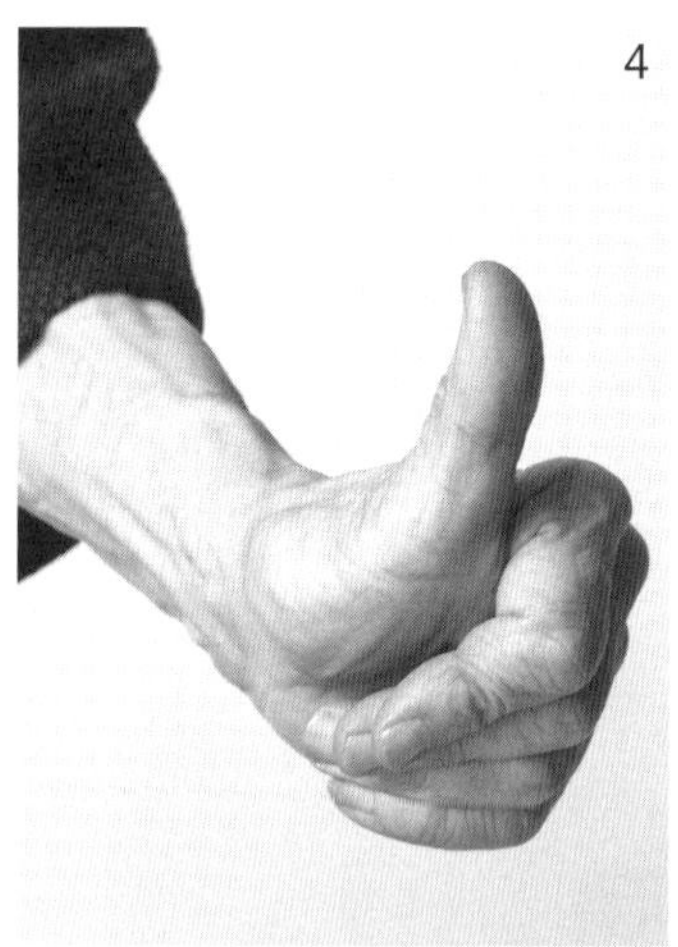

手の上腕、前腕、手のひら、すべて強い張りをもたせて親指を立てる

正座・椅子から楽に立ち上がる技

正座をした状態から立ち上がるという動作は、年を取って膝や腰が弱くなってくると負担がかかります。前かがみになって、ヨイショと片足を立て、膝に手をついて立ち上がる。あるいは、床に両手をついて身体を支えながら片足を立て、ヨイショと立ち上がる。どちらにしても膝や腰に負担がかかります。

これを楽に行なう技があります。まるで空気圧を下からかけられたようにフワッと立ち上がってしまう方法です。

まず正座をしている状態から立ち上がるには、座っているということをやめます。どういうことかといえば、眠くて仕方がなくて思わずカクンと前に倒れるようにするのです。このとき、意識的に前に身体を倒してはいけません。あくまでも「座っていることをやめる」、つまり気を失って前に倒れるかのように、上半身が前に倒れるようにしなければなりません。そして上半身が前に倒れ始めたときに、パンと両膝を柏手でもするように打ち合わせます。そうすると身体がポンと前に放り出されるように自動的に飛び出し、そのとき、スッと片方の大腿部と脚部を上に引き上げて、足裏を床につけられると、とても楽に立ち上がることができます。

これは、椅子から立ち上がるときに応用すると、正座から立ち上がるよりもっと楽に、本当に驚くほど負担なく立ち上がることができます。

その方法は、椅子に座った状態から気を失ったかのように座っていることをやめて前に倒れ、その倒れ始めたときに、正座から立ち上がるときと同じように両膝をパンと打ち合わせます。すると、立とうと思わなくても勢いよくポンと立ってしまうので

自然に上半身が前に倒れるようにする

両膝を拍手するように打ち合わせる

片側の腿と脚部を上に引き上げる

椅子の場合でも、無意識に上半身を前に倒すことが楽に立ち上がれるポイント

す。このとき、前への倒れ方と膝を打ち合わせる度合いを弱めると、フワッと立ち上がることもできます。

この立ち上がり方は、数年前に『あさイチ』というNHKの番組に呼ばれたときに、「その場で誰でもできる技を紹介しよう」と思い、「正座から楽に立ち上がる法」の応用として考え出した方法です。ただ、そのときには出演者の誰もその場ではできませんでした。どうやら「座っていることをやめる」という感覚が難しいようで、つい意識的に上半身を前に倒してしまうようです。

しかし、この技は身体を前傾させるとき、あくまでも椅子に座ることをやめることで「前に倒れていく」という状態でなければなりません。パッと両膝を打ち合わせることは意識的に行ないますが、その前の前傾動作は意識的にではなく、座っているという状態をやめることで行なわなければならないのです。これができると「我ならざる我」が身体を動かすように、ひとりでに椅子から放り出されるように立ち上がってしまうのです。

重い荷物を軽く持ち上げる技

私の体重は五五キロほどですが、私の倍以上、一四〇キロもある力士が十分に腰を落とし、私に持ち上げられまいと、私が持ち上げようとしているほうの足に重心をかけてもらった状態でも、その重心がかかったほうの太腿をひょいと持ち上げることができます。

以前、ある相撲部屋で幕下力士数人が私の指導を受けたいと集まっていたところに行って、この技を実演したことがありますが、とても驚かれました。そこで、せっかくの機会なので、ひとつ挑戦的試みとして一四〇キロの力士に一三〇キロの力士をおんぶしてもらい、二人合わせて二七〇キロを相手に同じことを行ないました。それでも、ある技を使うと片足を持ち上げられたので、二人とも目を丸くしていました。まあ、合わせて二七〇キロでもできましたから、今まで持ち上げられなかったことはありません。

これには「一条潜流」という名をつけた技を使うのですが、この技は、またの名を「体感的動滑車の原理」といいます。

動滑車

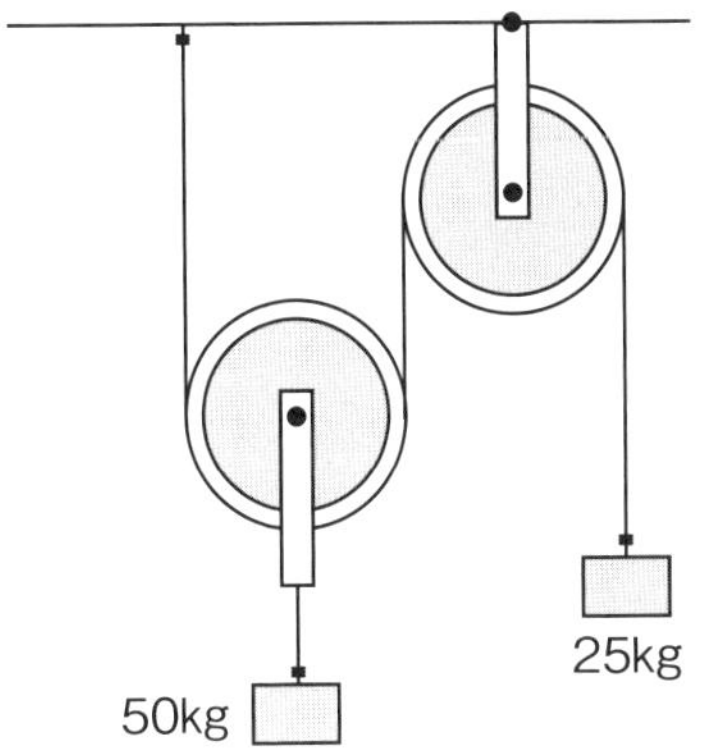

25kg

50kg

動滑車とは、中学校の理科で習うと思いますが、つるされている滑車のことです。図のような動滑車（と定滑車）を使えば、半分は天井がもってくれるので、五〇キロの荷物を半分の二五キロの力で引っ張ることができます。たとえるならば、一つのバッグの左右の持ち手を一つずつ持って二人で重さを分け合うようなものです。

この動滑車の原理を体感的に使うことで重い荷物を軽く持ち上げようというのが、「体感的動滑車の原理」と以前は呼んでいた「一条潜流」です。

重いものを持ち上げるとき、ヨイショッと普通に持ち上げると、腰も、腕も、肩もすべて上がります。ただ、これでは定滑車のようなもので、重さは変わりません。そうではなく、ヨイショッと持ち上げる瞬間に、動滑車を動かすようにふっと肩だけ落

体感的動滑車の原理

持ち上げる瞬間にふっと肩を落とす

楽に人を持ち上げられる

とすのです。すると、普通よりずっと楽に持ち上げられます。大きな動きの流れのなかで、一筋違う動きの流れが潜んでいるという意味で、「一条潜流」と名付けました。「全身を使って持ち上げるときに、肩だけを下ろす。」という説明だけを見ると、まったく奇妙に感じるでしょう。ほとんどの人が、そんなふうに持ち上げたことは今までに一度もないと思います。ところが、やってみると、その瞬間だけ軽くなるのです。

車を発進させるときにいちばん力のあるローギアに入れるのと同じで、重いものを持ち上げようとする最初に瞬間的に大きな力が出ると、あとは勢いで上がります。動滑車というのは感覚的なもので、実際のところ何が起きているのかは私もよくわかりませんが、もしかしたら「動滑車のような動きしている」と思い込むことで、心理的に自分に暗示をかけている効果もかなりあるのかもしれません。

手の甲側を使うと大きな力が出る

重い荷物を軽く持ち上げるもう一つのコツは、手の甲側を使うことです。

ビール瓶が詰まった重いビールケースの場合、どのように持ち上げるでしょうか。ほとんどの人は、取っ手に外側から手を入れるでしょう。でも、ビールケースを運び慣れている酒屋の人は、内側から手を入れて持ち上げます。一見窮屈に感じられるそのやり方のほうが、軽く持ち上げられることを経験上知っているからです。

外側から取っ手を持つ場合と、内側から取っ手を持つ場合で、何が変わるのでしょうか。それは、腕の力だけで持ち上げるのか、背中の力も動員しているのか、という違いです。内側から取っ手を持つと、「火焔」の手の形をつくったときに少し似ていて、手と体幹部がつながるので、腕の力だけで持つよりも軽く持ち上げることができます。

床や椅子に座っている人を引っ張って起こすようなときも同じです。相手の手や腕を掴んでただ力任せに引っ張っても、なかなか立ち上がらせることはできません。相手のほうが自分よりもずいぶん軽ければ可能ですが、同じくらいか自分よりも体格の大きい人を引き上げることは到底無理でしょう。

そこで、腕の力だけでなく、背中の力まで動員して引っ張り上げることができれば、ずっと楽になります。そのためには手の甲側をうまく使うことが必要なのです。

利き手を、手のひらの真ん中あたりを少しくぼませ、ちょうど瓶の蓋を開けるような手の形で、親指を鉤状に曲げて少し外側へ反らします。そして、手首もやや反り気味にします。親指の形が、昔のシングルアクションの回転式拳銃の撃鉄（拳銃の上部についていている撃発装置）を起こすときに似ていることから、この手の形を「撃鉄を起こす手」と名付けました。この手の形も、腕と体幹部につながりをつくるので、「撃鉄を起こす手」をつくった状態で力をかけると、腕力のみでなく、背中の力まで総動員して大きな力を出せるようになります。

この「撃鉄を起こす手」をさらに強力にしたものが、他の四指も握り込み、人さし指は内側へ、小指は手の甲側へと反らし、他の二指はその間に位置するため、ちょうどラセン階段のような形となる「旋段の手」です。この「旋段の手」は「撃鉄を起こす手」に比べると、手の形をつくる手続きが複雑で少し手間がかかりますが、慣れれば「撃鉄を起こす手」をつくるのとほとんど変わらずできます。「撃鉄を起こす手」を使う場面は、すべて「旋段の手」が使えますすし、そのほうがより強力です。

撃鉄を起こす手

撃鉄を起こす手は瓶の蓋を開けるような手の形

親指の形が銃の撃鉄を起こすときに似ている

手のひらの真ん中をくぼませ、手首を反らせる

さて、床にしゃがんでいる人、椅子に座っている人を引っ張って起こすには、利き手で「撃鉄を起こす手（または旋段の手）」をつくり、座っている人に腕を伸ばして両手でその手首の部分を掴んでもらいます。そして、相手の手がかかっている利き手を自分のほうへ引き寄せながらゆっくり後ろに下がります。

このときに、「撃鉄を起こす手（または旋段の手）」をつくっている側の肘を沈ませ、肩が上がらないようにしながら弧を描くように後ろに引きます。そうすると、自然に

旋段の手

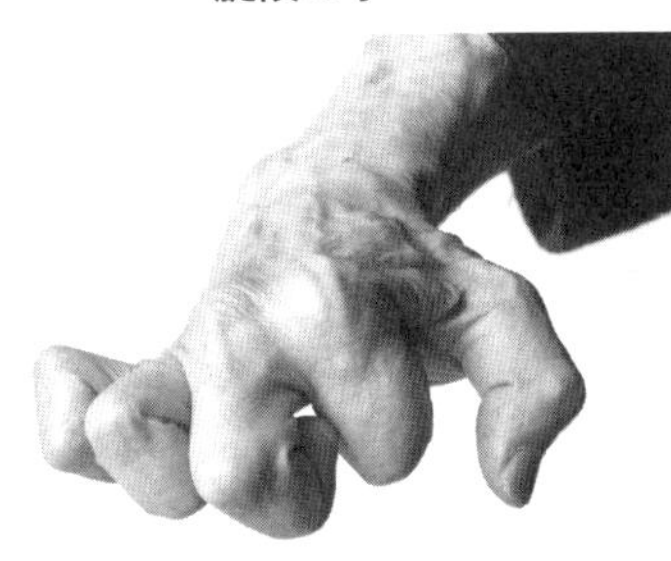

人さし指を付け根から強く内側に折り込み、小指は折りたたんで、手の甲側に強く反らす

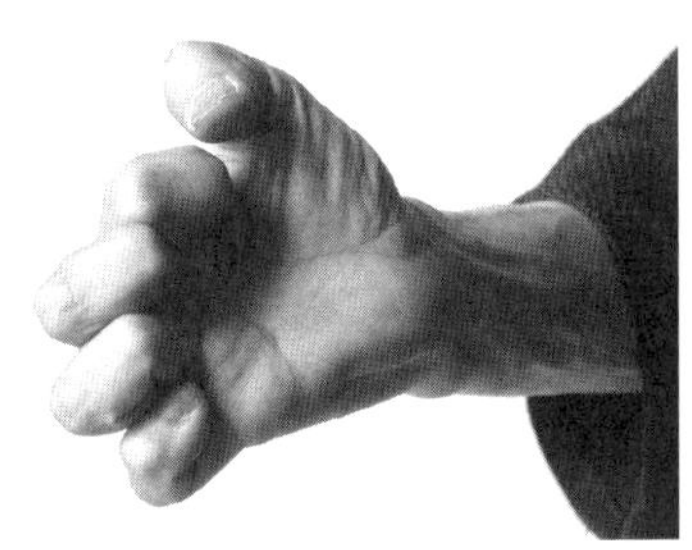

親指は台形に曲げ、深く折り込んだ人さし指の先端の関節に触れそうで触れないよう、手指全体を強く緊張させる

これにより肘から先の前腕と手指すべてが強く緊張し、自然と背や腰の力を動員できる

起こし手に「旋段の手」を作ってもらい、その手首あたりを掴む

起こし手は「旋段の手」の状態をしっかりつくったまま肘を沈める

起こし手がそのまま後ろに下がると、無理なく椅子から立ち上がれる

相手も起き上がってくるのです。

手指に独特の緊張をもたせることで手と体幹のつながりをつくるとともに、手の甲側に負荷をかける。そうすると、腕の力だけでなく、背中、腰など身体中の力を総動員してガッと引くことができるのです。

これは、人間の祖先が四足歩行をしていた頃の名残でしょう。狐などの小さな哺乳類と同じように、手が前足として地面についていた時代には、手（前足）で物を掴むということができませんでしたから、野山を駆け巡り、蔦などが前足に絡んだときには、より全身の力が動員されて、引きちぎることができるような身体の構造になって

いたのでしょう。その名残が、現在の私たちの身体では手の甲側を使ったほうが強い力が出るという機能となっているのだと思います。

この話をロマンと思うか、気持ち悪いと思うかは人それぞれでしょうが、筋肉や骨格は、四足歩行をしていた時代の基本構造が今でも色濃く残っているのだと思います。

人間は、進化の過程で他の霊長類と同じような樹上生活を行なっていたといわれていますが、それでも手を握って引き寄せるより、手の甲側を使ったほうが大きな力が出せるというのは興味深いことです。

ですから、手で物や相手を掴んで手のひらを内側にして引っ張るという、現代の私たちにとって普通のやり方は、腕力だけに頼ったもったいない身体の使い方になりがちなのです。宝の持ち腐れとでもいいますか、せっかく私たちの身体にも腕と体幹をつなげて背中などの力も総動員して大きな力を出せる構造が残っているのですから、ここぞというときには手の甲側をうまく使っていただければ、自分でも驚くような力が発揮できると思います。

受け手側の手の組み方でも楽になる

座っている人や寝ている人を立ち上がらせるときには、受け手（座っている側）の手の組み方によっても、やりやすさは大きく変わります。

たとえば、椅子に座っている人を立ち上がらせるとしましょう。座っている人が、片方の手の中指と親指を伸ばして、横から見るとコの字型をつくります。この親指と中指で、もう一方の腕の手首のあたりから指先方向に向かって、軽く挟みながら滑らせていくと、前腕の二本の骨、つまり橈骨と尺骨の骨頭と掌の手根骨との間のくぼみに両方の指が落ち込んで止まります。そのままグッと握るのではなく、軽く挟んだままにして左右に少し肘を張るような形で、座ってもらいます。

そして、立ち上がらせる側は、座っている人の左右の腕を下から支えるように掴んで、そのまま手前に静かに引く。あるいは、手を添えたままゆっくり後ろに下がる。そうすると、不思議なほど軽い力でスッと立ち上がらせることができます。

実はこの方法は、身体技法研究者として活動している甲野陽紀が発見したもので、彼は「手根骨のくぼみ」と名付けています。手根骨は手首の部分の骨のことで、そのくぼんでいる部分に引っかけるようにするので、この名前なのです。「立ち上がらせる側だけでなく受け手側の手の組み方も大事だよね」という話をして、受け手も「撃鉄を起こす手」にすると楽に起こせるとの話を陽紀にしたところ、「もっと簡単な方法がある」と教えてもらいました。

手根骨のくぼみ

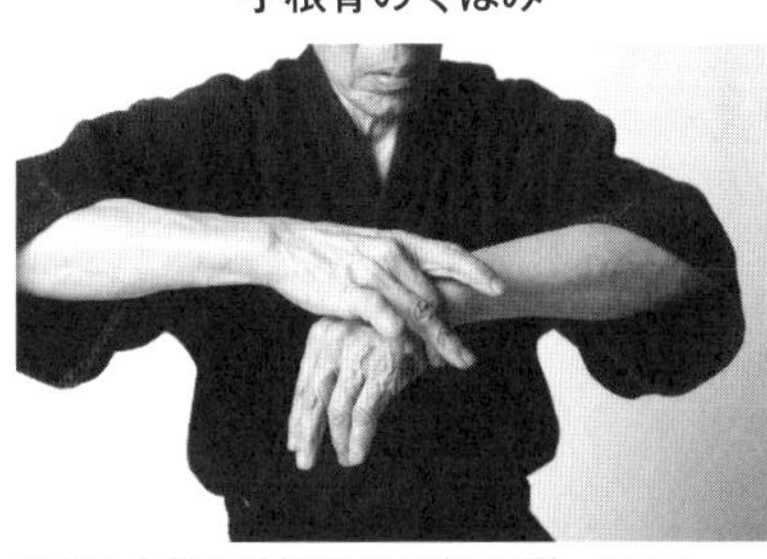

親指と中指を手根骨のくぼみに引っかける

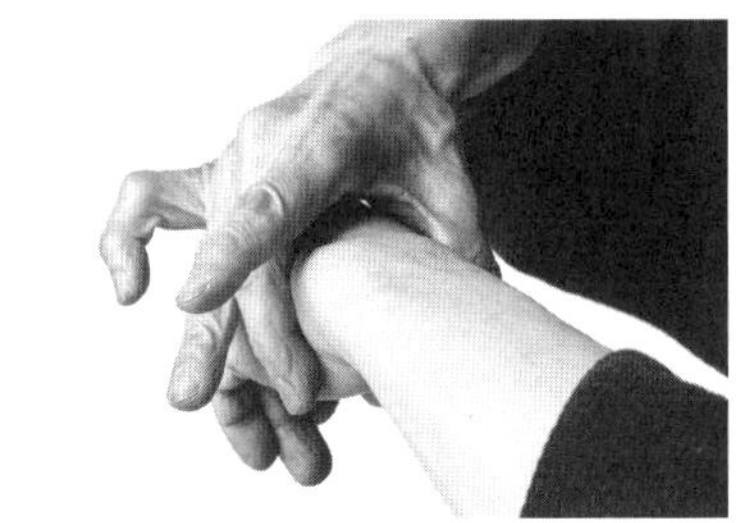

軽く掴んで左右に少し肘を張る

受け手側が「手根骨のくぼみ」にすると、楽に持ち上げることができる

中指と親指で反対側の腕を掴むときにガチッと掴んだり、あるいは胸の前でしっかり腕を組んだりすると重くなります。あくまでもソフトに手首のくぼみのところに引っかけておくような感じです。

なぜこのように手を組んでいると軽くなるのかといえば、おそらくテンセグリティ構造になっているのでしょう。「テンセグリティ（tensegrity）」とは、「tensile（張力）」と「integrity（統合）」を組み合わせた造語で、地球は資源の限られた宇宙船であるという考えを「宇宙船地球号」と表現したアメリカの思想家であり建築家でもあるバックミンスター・フラーが提唱した構造です。

テンセグリティ構造は、バーを直接組み合わせるのではなく、バーを引っ張るストリングとのバランスで成り立っている構造体で、弾力性があり、一部に力をかけると全体がたわむことで衝撃を吸収するという特徴があります。

先ほどの「手根骨のくぼみ」の手の組み方をしたときの身体も、テンセグリティ構造のようになり、相手から力を加えられると全体に負荷が散るため、パッと全身で立ち上がるのでしょう。

立ち上がらせる側がどういう姿勢、どういう手の形で相手を引くかということだけでなく、受け手のほうの手の組み方でも、立ち上がらせようとしたときの難易度が変わるということは、介護やリハビリの場面でも非常に有用です。介護されている人も介護する人にやってもらうばかりでは、気兼ねするものです。自分が少し手の組み方を変えるだけで相手の負担が軽くなれば、自分自身の心の負担も減りますし、何より「面白いな」と思って、自分の身体構造に興味をもてば、リハビリにも張りが出て、介護されていても、より積極的な生活が送れるでしょう。

武術を介護にいかす方法については、私から学んだ技を基にして「古武術介護」という分野を打ち立てた岡田慎一郎氏がより詳しく研究され、書籍やＤＶＤなどにまとめ、日本だけでなく海外でも講演や講習を行なっています。ただ、十分に普及しているかというと、まだまだです。

岡田氏に話を聞くと、病院に行って教えると、介護やリハビリのスタッフよりも厨房スタッフのほうがすぐに覚えるそうです。厨房スタッフは、もともと介護の仕方、リハビリの仕方を知りませんから、「これは楽だ」と思うと、素直に取り入れるのでしょう。一方で、介護やリハビリを専門としているスタッフは、自分の専門の分野だけにそれなりのプライドもあり、その場では「あれ、こうやったほうが楽だぞ」と感じても、それまで学んできたやり方、習慣となっているやり方をなかなか手放せないようです。つまり、専門性がかえって新しい技と取り組むことの邪魔をしているのです。

まあ、新しいよい方法があっても専門性が邪魔をして取り入れられないということは、介護や医療の専門職に限らず、スポーツ界でも起こります。私が今までスポーツの指導などに行って散々体験してきたことです。多少役に立つぐらいならば喜ばれますが、それまでの常識を覆すような有効な方法の場合は、その技が有効であればあるほど気まずい雰囲気になって、「もう二度と呼ばれることがない」ということを、何度経験してきたかわかりません。武術のよいところは、何度もお伝えしているとおり、技が利くかどうかがはっきりしているところですから、やってみて有効だと思えば必要な場面で取り入れればいいのにと思いますが、多くの指導者は技が役に立つかどうかよりも、自分の体面のほうが優先順位が高いようです。

心を整えるには、身体から——横隔膜が下がれば恐怖は感じない

恥ずかしいと顔が赤くなるように、心の状態が身体に表れることは誰もが実感しているところでしょう。これは心と身体はつながっている証拠ですから、その逆もあります。つまり、身体の状態を変えることで心の状態も変わるのです。

よく講習会で試していただくのが、私が「蓮の蕾」と名付けた手の形の効用です。

蓮の蕾

手のひらの中央をくぼませ、親指、人さし指、小指を寄せる

両手の薬指を絡ませ、手の甲側へ引っ張られるようにする

両手を押し合うようにして肩を下げる

両手とも、手のひらの中央をくぼませ、親指、人さし指、小指の三本の指先を丸く蓮の蕾のように寄せた状態にします。そして、両手の薬指同士を絡ませて、手の甲側へと薬指が引っ張られるようにして、右手は左に、左手は右に互い違いに押し合うようにして、肩を下げる。これが、「蓮の蕾」です。

この「蓮の蕾」を両手でつくった状態で、私の目の前に立ってもらい、私が木刀を顔の前まで軽く振り下ろします。何もしていない状態で、目の前まで振り下ろされると、ほとんどの人は「怖い」という感情から思わず目をつぶったり、上半身をのけぞらせたり、後ろに一歩下がったりします。

蓮の蕾の手の形にすると、怖さを感じなくなる

ところが「蓮の蕾」の手の形をしてもらった状態で同じことをすると、不思議と、「怖い」という感情が湧き起こらないのです。

目の前で起きていることを他人事のように見られるようになるといいますか、

リアルさがなくなるようです。そのため、たとえば高いところから下を見ても、ナマの景色ではなく、まるで巨大スクリーンに映した映像のように感じられ、恐さが減退するようです。

目の前に起こっていることは同じなのに、なぜ怖さを感じなくなるのでしょうか。それは、手と指を、私が「蓮の蕾」と名付けた形にすることで横隔膜が縮み上がることを阻止するからです。人は、何かを恐れたり不安を感じたりしたときには必ず横隔膜が縮み上がります。横隔膜が縮み上がって、「怖い」「不安」といった感情が湧き起こるのです。

ところが、横隔膜が上がらないように身体をもっていくと、目の前に起こっていることを、ただ「目の前で起こっているな」と捉えるだけで、怖さや不安を感じることができなくなります。つまり、怖さや不安を感じるには、〝怖さや不安を感じられる身体になっていなければならないのです。ですから、たとえば人前で話をする、大事な面接があるなどというような、心を落ち着かせなければならない場面では、まず身体を怖さや不安を感じない状態にすると、自ずと平常心が戻ってきます。

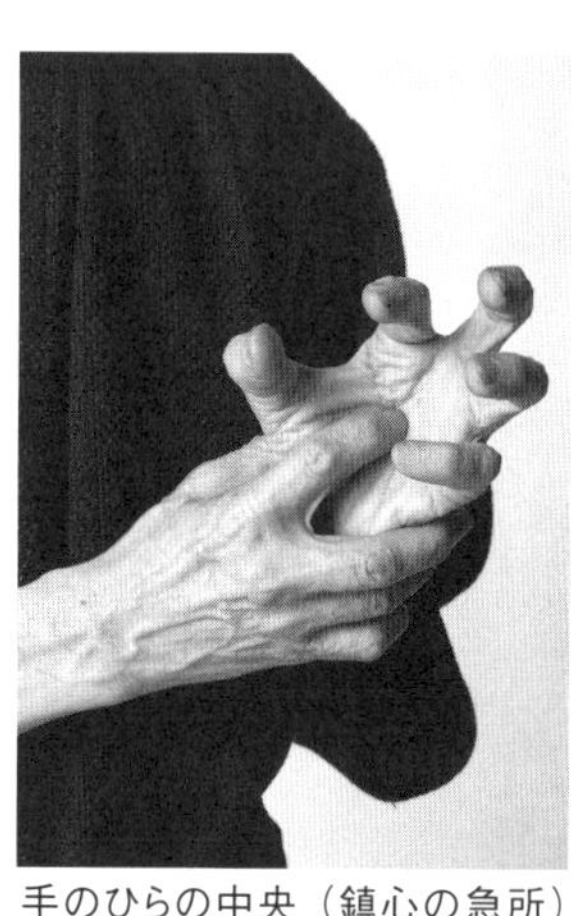
手のひらの中央（鎮心の急所）を押すだけで心が落ち着く

不安や緊張、怯え、恐怖といった感情にのみ込まれそうになったときには、騙されたと思って一度試していただければと思います。

また、「蓮の蕾」では、手のひらの中央をくぼませるようにしますが、手のひらの中央は「鎮心の急所」と呼ばれる場所です。つまりは、心を鎮める大事なところ。鍼灸では「労宮」とも呼ばれ、ここを親指で押すだけでも心が落ち着くことが昔から知られています。

もう一つ、気持ちが落ち込みやすい人、鬱の人におすすめしているのは、左右の足の間を少し広げて歩くことです。

人間が他の動物と大きく違うのが、二足歩行をし、なおかつ、左右の足を平行に出して歩くことです。人間以外の哺乳類はみな四足歩行で、一本の線の上を歩くように足をつきます。たとえばキツネやウサギが雪の上を歩いた後を見ると、一本の線上に足跡がついています。足跡は二本の線ではなく一本の線になる。

人間も効率よく走ろうとすると、左右の足が一本の線の上を踏むように寄ってきます。左右の足の間を広げて歩くのは、人としての特色をより際立たせる意味合いがあるのかもしれません。決して歩きやすくはありませんが、やってみると、身体の感じ、心の感じが変わることがわかるでしょう。これも、身体の状態を変えることで心の状態が変わる一つの例で、整体協会身体教育研究所の野口裕之先生から教えていただき、私自身実験して確かめた方法です。

左右の足の間を広げて歩くと、心の状態が変わる

腱鞘炎は手に、捻挫は足に紐を巻く

三章で紹介したヒモトレも、知っておいて損はない、というよりも知っておいたほうが得としかいえないように思われる心得事です。

たとえば、腱鞘炎で家事や仕事ができないとき、あるいは捻挫でうまく歩けないときにも、直径が二ミリぐらいの丸くて細い紐を手指や足指から手首、足首にかけて一本緩く巻くことで、なぜか症状が和らぎます。

腱鞘炎のときには、一・五メートルくらいの丸紐の中央をまず中指の付け根にかけて、そこから手首へ、また他の指の付け根へと蜘蛛の巣状に左右の手首に緩く巻きます。そうすると、腱鞘炎の痛みで料理や皿洗いなどができなかった人が、すぐにできるようになったりするのです。

捻挫をしたときには、丸紐を左右の足に巻きます。「わらじ巻き」といって、足の第二指の付け根から巻き始め、足の甲で交差させたり、足裏にも回したりして、最後

ヒモトレは腱鞘炎にも効果がある

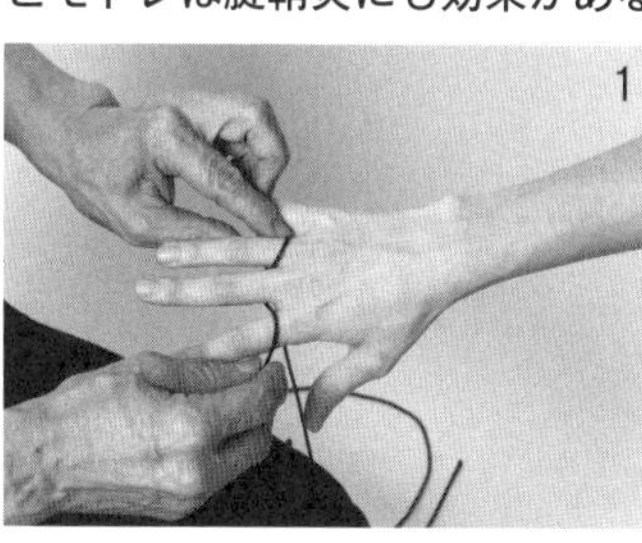

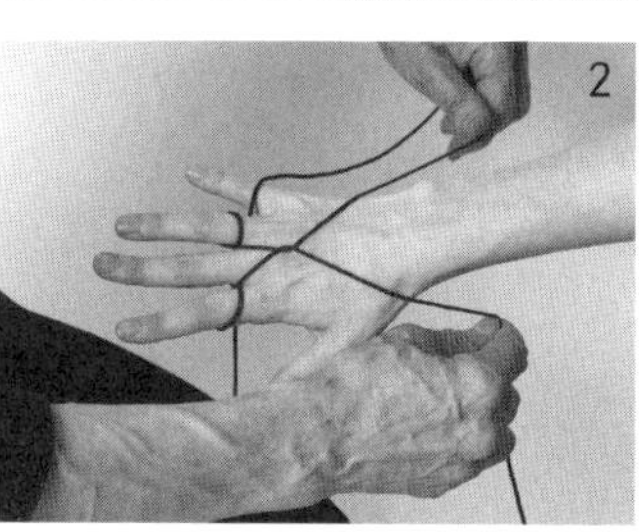

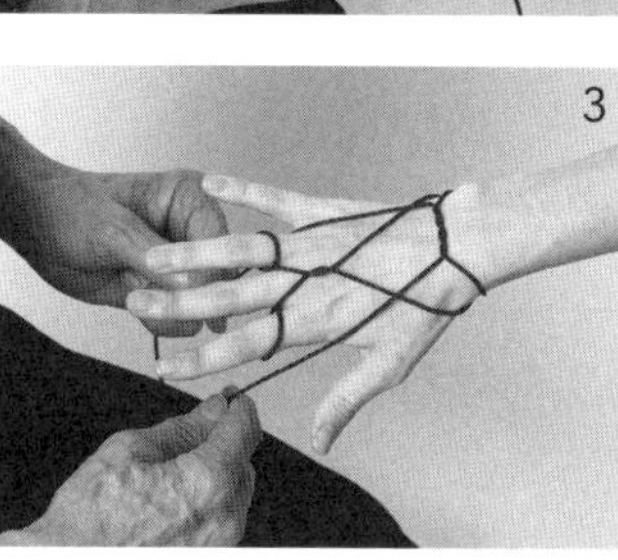

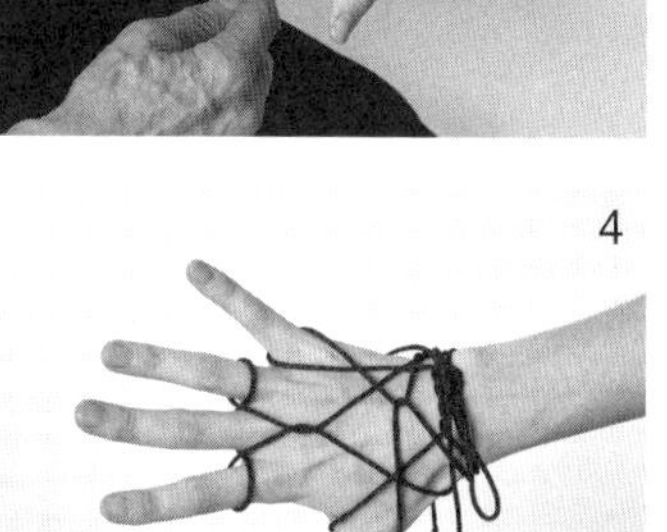

は足首に巻きつける方法が始まりでしたが、今ではいろいろな巻き方が何人もの人たちの工夫で生まれています。「わらじ巻き」では、捻挫をした人が紐を巻いた瞬間から普通に歩けるようになる姿を何度も目にしてきました。私自身は、釘を踏み抜いて足を引きずって歩いていた人にこの巻き方を施したところ、痛みが消失したといって、普通に歩いたり、傷口を叩いてみせられたのには、いちばん驚きました。

他に、私と親しい、在宅医療にもかかわっている浜島治療院の浜島貫院長の体験談では、脳梗塞の後遺症で食べ物を飲み込む力が衰えて、一年半も口から食べていな

ヒモトレは捻挫にも効果があり、巻き方にはバリエーションがある

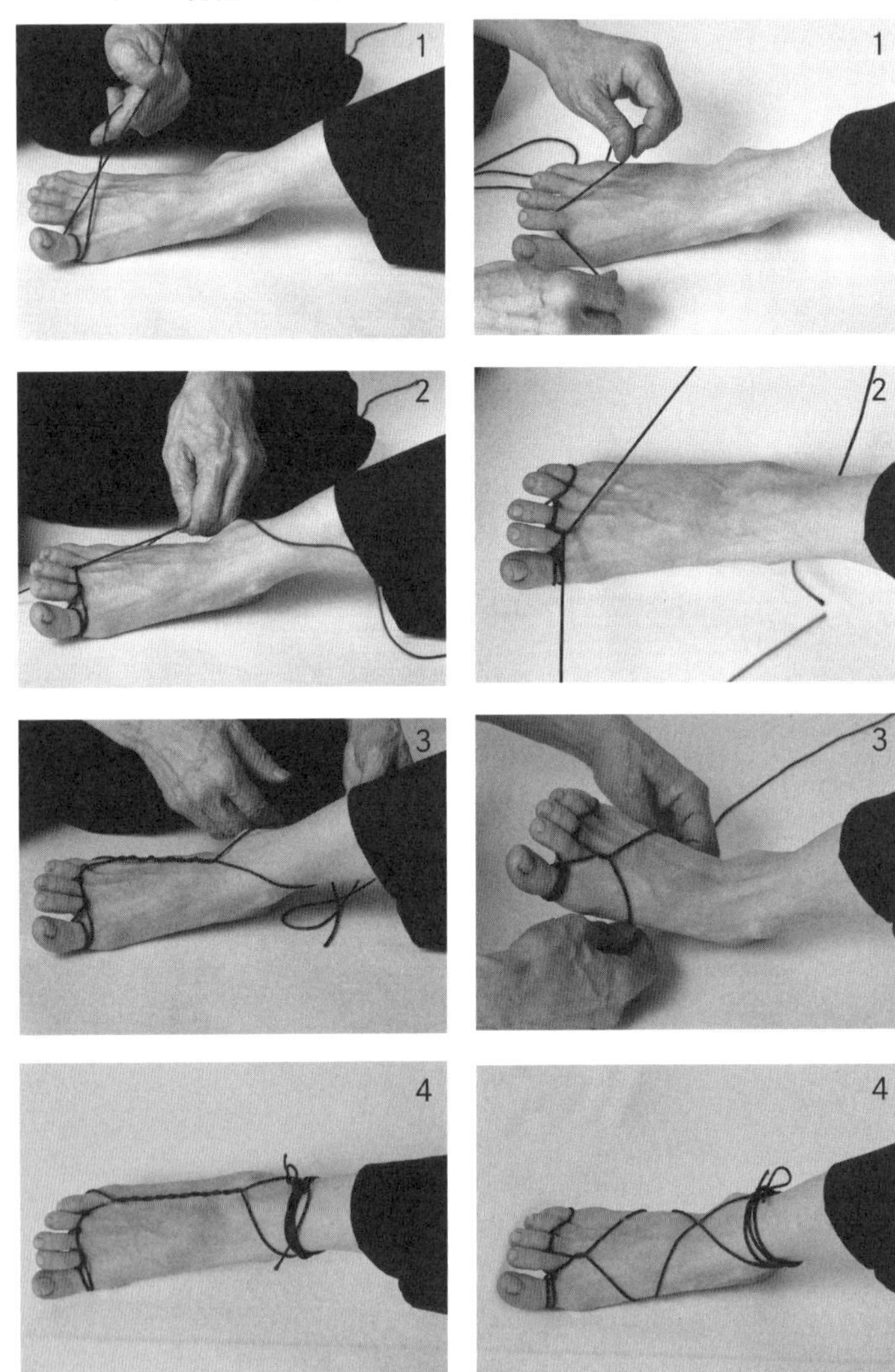

かった人が、紐を顎の下から頭頂部にかけてぐるりと巻いただけでゴクンと飲み込めた、脊椎すべり症で腰が反り返って歩くのもままならなかった人が紐を数週間、「へそ巻き」（お腹周りに一周ぐるりと巻くこと）と「タスキがけ」で巻いていただけで姿勢がよくなり歩けるようになった——など、本人もびっくりの奇跡的な出来事が絶えず起こっています。

腱鞘炎は、手の使い過ぎが原因で起こるといわれます。それなのに、紐を巻くだけでなぜその場で痛みが和らぐのかというと、使い過ぎだけではなく、身体の使い方の

紐を顎から頭部にかけて巻くことで嚥下（えんげ）力が回復した例も

へそ巻きはヒモトレの基本

まずさが根本にあるからでしょう。紐は、根本の原因である「身体の使い方」を、全身を強調させる使い方に導く働きがあるようです。ですから、紐を巻くだけで楽になるのでしょう。

タスキがけで巻くと姿勢がよくなる

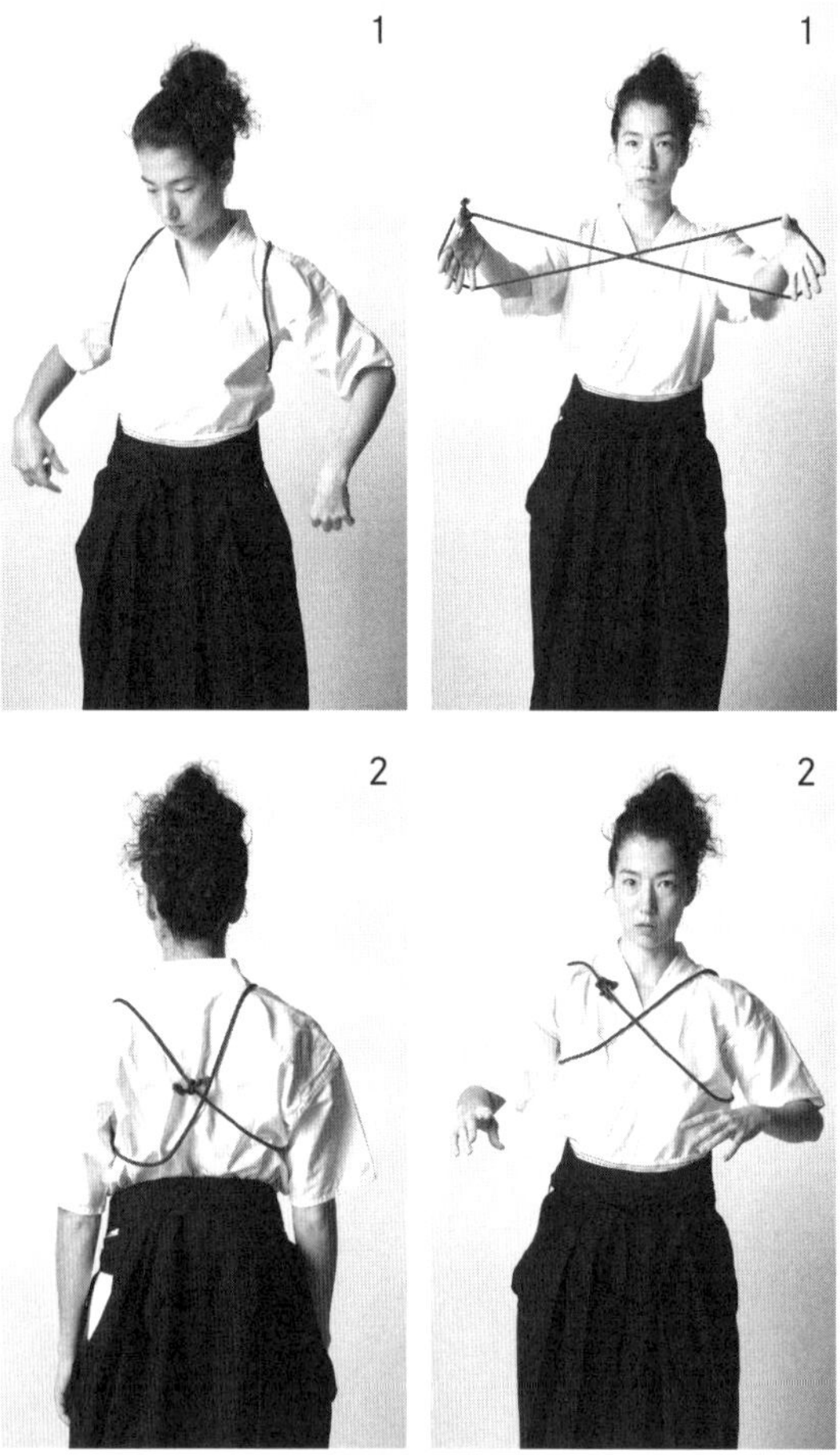

1

1

2

2

火傷は冷やすより温める

身体に何かトラブルが起こったとき、現在常識化している方法が最良とは限りません。常識外の思いがけない方法が有効だったりすることがあります。たとえば火傷をしたときには温めたほうが治りが早いということも、その一つです。

熱い湯や油がかかって火傷をしたときには、直ちに流水で冷やすという方法が一般的な対処法でしょう。しかし、それでは確実に水膨れになり火傷の経過が長引きます。火傷をしたときは冷やしたりしないで、火傷をしていない部分を入れても耐えられる程度の熱さの湯に火傷した部位を浸して温めると、冷水で冷やすよりも、はるかに早くきれいに治るのです。

このことを知ったのは、ツイッターがきっかけでした。あるとき、「火傷をしたけれど、火傷に非常に効くクリームを塗ったおかげで早くよくなった」ということを私のツイッターに書いたところ、まったく交流のない人たち二、三人から「火傷は温めるといいのですよ」とコメントをいただいたのです。

それを読んで、「火傷を温めるとは意外だな」と少し驚きましたが、複数の人が、自分のことについて調べられたら人物を特定されるような情報を載せているツイッターに、悪意でいい加減な方法をわざわざ知らせてくることは、まず考えられません。そして、この方法が常識外な方法であるだけに「よほど確信があるのだろう」という気がしました。

思いがけない常識外の方法に接したときに、「こんなことウソに決まっている」と頭から否定する人もいるでしょうが、この情報を得たときの状況を客観的に観察して、私は「きっと有効に違いない」との結論を出しました。ただ、わざわざ火傷をして試すことは、さすがにしませんでしたが、「次に火傷をしたときに試そう」と記憶に留めました。

すると、それから数か月後、レストランでの食事の席で、熱い鉄板をふと持ってしまい、明らかな火傷をしたのです。そのときは、具合よくちょうど目の前に熱いほうじ茶の入った土瓶が置いてあったので、さっそく「火傷は温める」という方法を試してみようと、湯呑みにほうじ茶を入れ、持っていたペットボトルの水で温度を調節し、火傷をした指先を突っ込んでみました。そうするとひどくジンジンするものの、その感覚が、私の使っていた火傷によく効くクリームを塗ったときとよく似ていたのです。「これはよさそうだ」と思い、お茶が冷めてきたら熱いお茶を少し足しながら、五分ほど浸していました。そのうちに痛みがすーっと引いてきて、それで火傷の処置は終わりました。翌日には火傷をしたことさえ忘れ、「あれ、どっちの手だったかな」とわからなくなるほどに、気にならなくなっていました。

数か月前も、ガスで湯を沸かしているときに考え事をしていたため、火のすぐそばにあった磁器のマグカップを濡れ手で掴んでしまい、左手の中指の先を火傷したので、すぐに湯呑みに熱めの湯を入れて、中指を浸しました。ただ、このときは濡れた手の水分でマグカップにヒビが入ったほど高温だったため、火傷の程度も重く、ズキズキした痛みがなかなか引かず、念入りに一〇分間ほど浸し続けていました。それが、昼前のことです。

三〇分ほど経ってもジンジンした痛みが残ったまま、火傷を負った部分の皮膚は白くロウのようになっていたので、「火傷を気にせずに指を使う作業ができるようになるまでには数日かかるかもしれない」と思いましたが、その日の夜には、指先に何も巻かずに稽古をできる状態になっていました。そして翌日には、白くなっていた部分の面積がずいぶん小さくなり、火傷をまったく気にすることなくさまざまな用件をこなすことができ、さらに翌々日の朝には火傷をした部分がどこかわからないほどに周囲の皮膚と変わらない色になっていました。

流水で十分に冷やして薬を塗るという常識的な手当てをしていたら、とてもこうした経過にはならなかったでしょう。

このような体験をするたびに周囲の人たちに伝え、ツイッターでも報告してきたところ、何人かの人は火傷をした際に実際に試し、「本当ですね」と、自身の経験を伝えてくれています。これまでに、「温めたことでかえって悪化した」「効かなかった」といったクレームは一件も受けていません。

なぜ、火傷は温めたほうがいいのか、はっきりしたことはわかりませんが、おそらく皮膚も多分に心理的な影響を受けるのでしょう。何か大変なことが起きた時に、重ねてさらに大変なことが起こると、最初の出来事はすっかり吹き飛んでしまうものです。それと同じように、火傷をした後で温めると、そのジンジンした痛みに皮膚が混乱して、火傷したと、しっかり認識する前に、なかったことになるのではないでしょうか。逆に、火傷した部分を即座に冷やせば、皮膚が火傷したことをしっかり認識するので、水膨れになったり、痕が残ったりするのではないのかと思います。

「火傷は冷やさず温める」という手当ての方法は、もうずいぶん前からいわれていたようですが、なかなか普及しませんし、専門家の間でも積極的に研究しようという空気はないようです。関心をもった方は、熱湯がかかったり、熱いヤカンなどに瞬間的に触れた程度の、皮膚に大きな損傷のない火傷の際に、火傷をしていない部分を浸しても耐えられる程度の温度（大体四七度ぐらい）の湯に浸すか、ドライヤーで温風を当てる、火にかざすなどして、温めて治すという方法を試してみてください。

「湿潤療法」は、余計なことはせず身体のもつ回復力を促す方法

火傷は冷やすよりも温めたほうがいいのと同じように、世間で常識とされていた手当ての方法が覆されたよい例が、「湿潤療法」です。ケガをしたら傷口を消毒して乾燥させる、というのが従来の一般的な対処法でした。それに対し、傷口をきれいに流水で洗って、一切消毒はせず、カサブタができないように絶えず湿らせておくのが湿潤療法です。

この方法は医師の夏井睦氏が提唱し、医療の世界でも取り入れるところが増えているようです。さらには、「キズパワーパッド」「キズケアフィルム」など、湿潤療法の考え方を取り入れた、傷口を乾かさない絆創膏も売られています。「傷は消毒して乾かす」という従来の対処法とは真逆にもかかわらず、なぜ浸透したのかというと、実際に傷の治りが早かった、傷痕が残らずきれいに治ったという事例が数多く報告され、

世間にも広まったからです。

ただ、手当てが雑だったり、体質によっては膿んでくることもありますから、そうしたトラブルを減らすためか、キズパワーパッドやキズケアフィルムなどは、あくまでもかすり傷、あかぎれなどのごく軽度な傷用として売られていますが、湿潤療法はぱっくり切れた傷口など、本格的な傷にも有効です。

なかには、オートバイのチェーンに巻き込まれて、指の先端、爪の上部三割ぐらいを損傷してしまった人が、湿潤療法を繰り返したところ、五か月後にはほぼ元どおりに生えてきたという事例もあるそうです。従来どおりの対処法で治していたら、損傷した部分は戻らず、寸詰まりの指になっていたでしょう。

湿潤療法の重要な点は、「消毒しない」「乾かさない」ことです。消毒すれば菌は殺せるかもしれませんが、同時に、健康な細胞まで元気を奪われます。また、傷口から染み出る体液には、傷の修復や皮膚の再生を促す成分が含まれているので、乾かすことで傷の治りが遅れます。

消毒しない、乾かさない湿潤療法は、湿った環境を保つことで、細胞がどんどん活発に再生してくるのを促す治療法なのです。余計なことは一切せず、もともと身体に備わっている回復力や再生力を促そうという、ごく単純なことです。

動物は、ケガをすると傷口を舐めます。湿潤状態を保ったほうがよいことを本能的に知っているのでしょう。西洋医学一辺倒の近代以降の医療では、余計なことをしたがる傾向がありますが、もっと素直に身体の力を信じることが必要なのではないでしょうか。

冷え性の人は素肌寝を

冷え性の人は、下半身は素肌状態で寝たほうがかえって身体は温まる、ということもあまり知られていないことの一つです。特に大事なのが、太腿を布で覆うようなもの、つまりはズボン状のものをはかないということです。

このことを広く世の中に紹介している浜島貫院長の話によれば、脇や太腿など、皮膚同士が直に触れ合うことで、「身体を温めなければいけない」と身体が認識し、熱を生み出す働きが高まるそうで、衣類で覆われて保温されていると、その機能が働かなくなるのです。つまり、皮膚に今の状態を感知させることが必要なのでしょう。特に重要なのが、左右の太腿が直に触れ合っていることだそうで、そのためズボン状の寝巻はおすすめできないのです。

冷え性の人が冷えるからといって靴下を二枚はき、セーターまで着込んで寝ることがあるようですが、こうしたことは、人間が本来もっている、熱を生み出す機能をますます鈍らせることになります。

このことを知って私も試してみたところ、下半身は何も身につけずに布団に潜り込んだほうが、確かに足先まで温まり、気持ちよく眠れることを実感しました。以来、「身体が冷えるなら、ゆったりした浴衣や大きめのTシャツなどを寝間着にして、下半身は素肌のままで寝るといいですよ」と、さまざまな場面で伝えています。

冷え性の人ほど「そんな薄着では寝られない」と、とても信じられないかもしれませんが、今までに「試みたが効果はなかった」という話は聞いたことがありません。ある人は、半信半疑どころか九割方疑っていたので、「では、目覚ましをかけて二時間後に起きて、本当に温かいかどうか試してみてはどうですか」と提案したところ、疑いつつも勇気を出して試してみたそうですが、そこまで疑っていてもやはり有効だったようです。

このことを広められている浜島院長は、同時に下着や靴下、ズボンなどの衣類に使われているゴム紐の刺激が現代病や体調不良の一因となっているので、それをやめることを提唱されていた、高知の故見元良平医師の著書『健康であるためにゴム紐症候群について』という本と出会って、その効果を確認し、「ゴム紐をやめるだけで体調がよくなりますよ」と「脱ゴム紐」を推奨されています。

なぜゴム紐がよくないのかというと、どんなに緩いゴムだとしても、持続的に圧をかけ、伸びたり縮んだりすることで絶えず皮膚に働きかけてくるからです。皮膚にとっては絶えずワーワーという騒音を聞かされているような状態になるのでしょう。それを気にしないようにするには鈍くなるしかありません。そうすると、免疫力なども落ちてしまうので、ゴム紐をやめるだけで、いろいろな心身の不調がよくなるということが起こるのだと思います。

この「脱ゴム紐」も、「実行したが効果は感じられなかった」というクレームは、今のところ一件も聞きません。ゴム紐を身につけないだけでそんなにも体調が変わるのかと不思議に思われるかもしれませんが、ヒモトレで、厚いコートの上からごく緩く紐を巻いただけで身体の安定が変わり、それが丸紐か平紐かも身体が感知することを考えると、ごくわずかに思えるゴム紐の刺激が心身の不調を招くことは、十分に考えられることだと思います。

浜島院長はこうしたゴム紐を使った衣類が心身に与える影響を研究しているうちに、冷え性の人も裸に近い状態、特にズボン状のものをはかずに布団に入ったほうが朝まで温かくいられることに気づき、「素肌寝」と名付けて、提唱してこられたのです。この素肌寝についても、冷え性だったのに湯たんぽや電気毛布が不要になったという人が続出しているようです。

そう聞いてもどうしても不安な人は、寝る前に布団を布団乾燥機やドライヤーなどで温めておいてから素肌寝を試してみてはいかがでしょうか。本当に簡単なことですから、冷えのひどい人は、ぜひ一度試していただき、その効果のほどと心地よさを味わっていただければと思います。

素肌寝にしても、脱ゴム紐にしても、実行した人たちが一人の例外もなくその効果を実感しているというのは、驚きです。冷暖房が普及している現代の生活にすっかりなじんでいるように見える現代人にも、野性の感覚はまだまだ残っているのだと気づかされます。

五章 気づきを生活にいかす

武術とは「対応」の原理である

「武術の研究をしています」と言うと、「私は、武術なんてそんな怖いものは全然関心ありません」と言われることがあります。ですが、武術に関係のない人なんて実はいません。

どんな人も生きていく上では人と交渉事をしなければいけないことがあるでしょうし、体内に病原菌が入り込めばそれに対応するために免疫系が働きます。生きているということは、対応の連続です。絶えず何かに対応しなければいけません。

その点、武術は、対応の一つの雛形を追求するものです。スポーツのように人が作ったルールに則って対応するのではなく、心身にもともと備わっているルールを駆使して対応を工夫するものであり、まさに「どう対応していくか」が常に問われます。だからこそ、武術での気づきは、日常生活の中で「どう対応するか」にもいきます。

たとえば、電車の中で見ず知らずの人に絡まれたときにどう対応するか。最近は経験しなくなりましたが、私も昔は何度か、酔っ払った人に絡まれたことがありました。

そういうときの対処法の一つとしては、「お母さまは元気ですか?」などと、相手が聞いてくることとはまったく関係のないことを、ものすごく丁重に尋ねるのです。武術でも、相手が予想もしない動きをこちらが取ると相手はたじろぎます。それと同じで、絡んでくる相手に、親しげに丁重にまったく関係のないことを問いかけると、相手は調子が狂うので、ブツブツ何か言いつつも離れていきます。

あるいは、サッカーやバスケットボールの競り合いで、相手が身体を寄せてきた場合の対応法は、「なんとか競り勝って抜こう」と相手と争うのではなく、こちらから相手にどんどん寄せていく。しかも、「あなたのファンなんです」とまるで恋い慕うかのように、正確に、正確に相手の動きの中心にこちらの中心を寄せていきます。そうすると、二本のボールペンの先を正確に当て続けることが難しいように、正確に当てて相手に身体を寄せていけばいくほど、ズレていきます。そうすると、ひとりでにすーっと抜けることができるのです。

私が武術の研究上、大きな影響を受けた無住心剣術の伝書『前集』に「それ、よくあたるものはよく外れ、よく外れるものはよくあたる」という教えがありますが、この教えを思い出します。

サッカーにしてもバスケットボールにしても講習会などで競り合いを実演すると、相手が何もできないまま、すーっと抜けるので、まるで相手がわざと私を通したかのように見えるようです。私は講習会などで、初めて私の技を体験する人に「私を止めた人には受講料をお返しします」としばしば伝えていますが、今のところ、止められたことはありません。これを止めるには武術的対応が必要で、今までに二人経験しましたが、これは大変興味深いものでした。

いま述べたサッカーやバスケットボールの競り合いの対応法は「いじめ」への対応法に非常に深くかかわっていると思います。相手の進路を遮るということは、いわば「いじめ」であり意地悪です。これに対して嫌がれば相手はますます「いじめ」の行為をエスカレートさせるものです。ところが、「いじめ」をしている相手に嬉々として慕い寄っていくと（まあ「いじめ」の場合は容易なことではありませんが）、相手はなんとも調子が狂ってしまいます。

武術の技をこのように社会的事象と関連させて見ていくと、武術が「人間が生きていく」ということといかに密接にかかわっているかが理解されると思います。

また、モンスターペアレンツやモンスターカスタマーと呼ばれるような理不尽な要求、文句を言ってくる人に対しては、私だったら積極的に相手になって相手の武器を逆手にとって対応します。

たとえば次のようにです。「あなたの言うことは正しいのですよね。正しいから私にそう言うのですよね。正しいと思うなら、誰に対してもその主張ができますよね。では、その正しい意見を広くみんなに知っていただいたほうがいいでしょうから、新聞記者を呼びましょう。テレビカメラも呼びましょう。正しい意見ですから、もちろんカメラの前でも言えますよね」

こんなふうに切り返してたたみかければ、相手は自然と対応を変えてくるでしょう。

ところが、こうした対応が思いつかず、相手に非があると思いつつもとりあえず謝ったりするので、相手を図に乗せてしまうのです。

「正しいと思うから言っているのですよね。では誰にでも……」とたたみかけて、相手の逃げ場をなくす。そして相手がひるんだところで、「いや、まだ再考の余地があって、自分が絶対に正しいとは言えないのであれば、一度考え直したほうがいいですね」と、クレームを取り下げる道を用意するのです。

この「相手の使っていた武器（主張）を逆手に取る」という方法は、非常に有効です。

以前、あるテニスの指導者講習会に招かれて講習会を行なったときに、私の実演と解説の後、一人のコーチから「あなただけができても意味がないんですよ。みんなができなければ意味がありません」と言われました。その人物は、仲間内では弁が立つと思われている様子でした。それだけに私に何か言って、今までの自分の立場上、皆に「さすが」と思われるところを見せておきたいと思ったのかもしれません。私は、「まあ何と脇の甘いことを言ってくるのだろう」と内心呆れました。ただ何か私に言って、私を少しでも困らせ、自分の仲間内での権威を保ちたかったのでしょう。

このコーチの言葉を聞いて、私は逆に次のように質問しました。

「では伺いますが、ボール球もヒットにするようなイチロー選手（当時はイチロー選手の最盛期でしたので）や、誰も真似できないプレーをするマイケル・ジョーダンのスーパープレーなどは意味がないとおっしゃるのですか。『みんなができなければ意味がない』ということは、ああいう誰もが憧れるスーパープレーやスーパースターは何の意味もないということですよね」と。そうすると、そのコーチは初めて自分がいかにマズイことを言ってしまったのか、ようやく気づいたようで、何も言えなくなりました。

消火器の使い方なら誰もができなければ意味がないかもしれませんが、スポーツは誰もが憧れ、なかなかできないようなスーパープレーの技術は、「それができれば何よりだ」と、スポーツ選手ならほとんどの選手が思っていることでしょう。

そのコーチは、おそらく「何か反論したい」と思ったときに、ふっと思い浮かんだことを口走ってしまったのでしょう。先ほどのモンスターペアレンツやモンスターカスタマーにしても、全体が見えていないまま部分的にそれらしいことを言って、理不尽な文句や嫌味、クレームを言ってくる人は少なくありません。

そういうときには相手の言葉を逆手にとって、「〇〇ということは、こういうときにもこうなのですよね」「こういうときにも〇〇と言えるのですよね」と全体に広げてみせると、どんどん矛盾が出てきますから、相手がいかにおかしいことを言っているかが明らかになります。こうしたことも、武術を通して身につけてきた対応法です。

空手家・座波仁吉先生から学んだ対応術

武術的対応に優れていた人物といえば、思い出されるのが、空手の心道流心道会の創始者である座波仁吉先生です。私が出会った武術家のなかでも、その実力は抜群な方のお一人でしたが、それだけでなく人柄も本当に素晴らしい高潔な方でした。初めてお会いしたのは、私が五〇歳になる手前の頃で、座波先生はもう八〇歳近かったと思います。三〇も年の離れた私にとても丁重に挨拶してくださり、こちらが恐縮してしまうほどでした。

座波先生からは、武術的対応にまつわるいろいろな話を伺いました。

たとえば、当時は大阪で居酒屋などに行くと、隣にやくざが座っていて、「おー、気に入った。ビールを奢るよ」などと話しかけられることがあったそうです。やくざに借りをつくると後からややこしいことになりますし、かといって、無下にはできません。断れば、「俺の酒は飲めないのか」と絡んでくることはわかりきっています。

そこで座波先生は、ビールを注がれると、すかさず店の人を呼んで、「こちらに二本！」と、相手にビールを倍返ししたそうです。また注がれると、またもや店の人を呼んで倍返しする。そして、頃合いを見計らって「お、約束の時間だ。失礼」と言ってパッと帰るのだそうです。

「そろそろ約束の時間があるので……」などと断りを入れようとすれば、「いや、まだいいじゃないか」と引き止められるでしょう。また、奢られたまま、その場を去ろうとすれば、「おい、奢られたまま行くのか」と呼び止められます。

だから、ビールを注がれたら、即返す。しかも、相手は一杯だけれど、こちらは二杯返し、「倍返し、倍返し」で印象づけておいて、サッと帰るわけです。多少のお金はかかりますが、向こうは何かきっかけをつくって入り込んでこようとしますから、後々のややこしいことを未然に防ぐには、こういうときにはケチってはいけないのです。やくざに限らず、後々面倒くさいことになりそうな相手には、決して借りをつくらず、借りをつくりそうになったら即多めに返し、サッと距離を置くのが賢い対応法でしょう。こうした武術的対応を、座波先生からは教えていただきました。

頭主導の食事から、身体と向き合う食事へ

二〇二〇年四月に、ふとしたきっかけで「身体と向き合う武術」という世界があることに気づきました。ちょうど、新型コロナウイルス感染症が流行し、世の中が自粛モードに入っていた頃です。武術の稽古の一環として自分の身体と向き合うこと、健康法や治療法とは異なる「体調の変動に対応する武術」があることに気づいたのです。

そのことに気づいてまず変化したのは、食べる量でした。それまでは頭の知識とし

て「食べ過ぎてはいけない」などと思っていましたが、ふと食欲というものを技として捉え、自分の感覚を武術モードにして「今、食べているこの量が本当に自分にとって必要な量だろうか」と問いかけていると、食事の量が驚くほど減っていったのです。もともと菓子も酒も茶（日本茶、紅茶）もコーヒーも得意ではないので、嗜好品と呼ばれるようなものは基本的には摂りません。また、「ワー、腹減った」と感じることも、若い頃こそありましたが、ここ数十年はほとんどなく、外出先や旅行先で一人でいるときに食堂やレストランに入ったことは人生で数えるほどしかありません。ですから、世の中の多くの人たちの食べ物に対する好みとは、かなり違っていますし、量も多かったわけではありませんが、ただ、「なんとなく空腹を感じるな」というときに食べ始めると、結構食べてしまうことはありました。

ところが、食べることも武術の一つとして捉え、自分の感覚を研ぎ澄ませていると、食べ終わったときに満腹感があると速やかな対応ができないために身体が拒否することを実感しました。そうすると、自ずと食事の量が減っていったのです。それも、「自ずと」減っていったのであって、食べたい気持ちを我慢しているという感じはまったくありませんでした。

何より、食べる量が無理なく減ったことで身体が軽くなったことはもちろん、「いったい何十年ぶりだろうか」と思うほど、心身がスッキリし安らかになりました。呼吸のたびに心地よい空気が入ってくるような爽快感を得られたのです。

そうした心身の爽快感を思えば、それまで食べ過ぎていたことは明らかでした。人間は、「気分転換のため」「栄養を摂るため」「食事の時間だから」といった思い込みで、身体にとって本当に必要な量以上に食べているのでしょう。「免疫力をつけるために、栄養をしっかり摂って……」などとよく耳にしますが、むしろ、ほとんどの人は食べ過ぎて身体に余計な負担をかけているのではないでしょうか。

一方で、健康やダイエットなどを目的に食事量を減らせば、我慢することになるため、ストレスが大きくなります。思えば、二〇代の頃にある健康法の道場で半ば強制的に断食をさせられたことがありました。そのときには、断食を終えた後の復食に失敗して餓鬼のようになり、満腹なのにさらにパン一斤を食べ、苦しくて吐き戻し、また食べた……といった苦い思い出があります。

「こうあるべし。目的のためには我慢」という頭主導の断食、減食ではうまくいかないのでしょう。

私の常食である玄米と押麦とモチキビ

身体がこのような状態になってからは、「何を食べよう」と頭で考えるのではなく、身体に「どんな状態か」を問いかけ、自分の身体と向き合って食事をするようになったところ、本当に量が減ってきました。家にいるときには、一年中、毎日同じようなメニューを食べています。

具体的には、小松菜（時にはニラ、ブロッコリー、キャベツなどが加わることもあります）をザッと茹でたり、生のままで中皿に山盛り一杯分と、玄米雑穀飯を飯茶碗に軽く一杯、それに納豆と山羊や羊のチーズを添えて食べるというようなメニューです。これらに、その日の状態によって、生の山芋や長芋、豆腐、タケノコやニンジンの煮物などが加わる程度でしょうか。日によっては、何かしらやっているうちに日が暮れて、この一食で、一日の食事が終わることもしばしばあります。

私の場合、野菜が十分にないとどうにも落ち着きません。旅先などで野菜を食べられないときには、他人の家の庭に生えている雑草で食べられそうなものを食べたくなる衝動に駆られるほどです。それはおそらく、私の身体、もっといえば私の身体に棲みついている腸内細菌が欲しているのだと思います。

ただ、いずれも手の込んだ調理は必要ありません。食事の支度よりも食べている時間のほうが長いくらいです。それで十分に美味しく、心身が満足しますし、長く続けるには支度が容易であることも大切でしょう。

ずっと以前からこのような食事でしたが、昨年の四月から五月にかけては、食べる量がそれまでの六割減というぐらいまで減らしていくと、どこかで「もっと減らせる、もっと減らせる」という興味のようなものが湧いてきて、七割ぐらい減らし、体重も五七キロから五八キロあったのが、五三キロぐらいにまで減ってくると、さすがに動くのが少し大変になってきました。

そのため、その後、食べる量を意識的に増やし、以前の食事量の二割減ぐらいになっています。ただ、今でも忙しいときは一日一食のこともよくありますし、体重は五五キロ前後で大体落ち着いています。

この食べる量を減らしていた頃に感じた、目が覚めたときの何かに吸い込まれていくような気持ちのよさ、食べるのが惜しくなるような感覚を得て、私が実感したのは「この先、自分が面倒な病気というか、体調が悪くなったとき、少しずつ食べる量を減らしていけば、本当に静かに安らかにこの世を旅立てるな」ということです。

まあ、現在は法律がいろいろとこうした死期の迎え方に介入してきますから、誰もができるわけではないかもしれませんが、理解のある医師と出会えば、もう七〇歳を二年も越えた、昔なら十分に生きたといっていい年齢なのですから、余計な治療などはせずに静かに見守ってもらって、この世を卒業したいと思っています。

これは一時的な衝動的自殺ではなく、長年にわたって自分がどう生きるかを考えてきた結果、自分にとってより納得のいく生き方としての選択で、そうやって食を減らしていくうち、「生きたい」という思いが湧いて、身体も回復してくれれば、また生き続ければいいだけですから、このような最晩年の過ごし方が社会の理解を得られ、特別のことではないようになることを願っています。

このことは、今回このような「老境との向き合い方」という本を出すことになって、これを読まれる方々にいちばん申し上げたいと思った事です。

近年知らされてきた腸内細菌の重要性

腸内細菌については今でこそいろいろとわかってきましたが、私が学生だった時代には、そうした情報はまだなく、「日本人の食事は動物性タンパク質が足りない」としきりにいわれていました。しかし、当時から私は不思議に思っていました。なぜなら、明治の頃の日本人の食事といえば、米や麦、雑穀飯と漬物くらいが日常食の者が多数いましたが、それでも現代の我々よりはるかに頑健な人たちが多かったからです。

たとえば、山岡鉄舟の道場について書かれたものを読むと、「副食物は三度三度、味噌汁に大根の葉を刻んだものか沢庵漬けと決まっていたから、大人数の割には手間がかからなかった」と料理番をしていた内弟子が回想している記述があります。その程度の副食物と飯という質素な食事で、凄まじい稽古を日々していたのです。そうしたことを考えると、私は、動物性タンパク質が足りないとはとても思えませんでした。

そして、三〇年ほど経つと、パプアニューギニアには動物性タンパク質はほとんど摂らず、サツマイモやタロイモなど芋ばかり食べているのに筋肉隆々の人が多くいて、それは腸内細菌が違っていたのだ、という話が出てきました。こうした人たちの腸内には日本では見られない腸内細菌が棲みついていて、その腸内細菌が体内でタンパク質の材料であるアミノ酸を作っていることがわかってきたのです。ですから、現代の日本人が真似をしてイモばかり食べても体調を崩して、あんなふうに筋肉隆々にはなりません。それは腸内細菌が違うので無理なのです。

ただ、このことから推測すると、昔から米を主食としてきた日本人には、米食に合った腸内細菌がいたことは間違いありません。昭和三〇年代には「米ばかり食べるとバカになる」としきりにいわれ、パンなどの小麦食が推奨されたことがありました。その説を主張していた筆頭は大脳生理学の学者でしたが、本当に科学の名を借りながらトンデモナイ見当違いな説を広めていたことになります。

明治初期に来日したドイツ人の医師であるエルヴィン・フォン・ベルツが、日本人の車夫が肉はほとんど食べず、握り飯と梅干、大根、沢庵といった粗末な弁当にもかかわらず、ものすごい体力があることに驚いた、というエピソードは有名です。これも、まさに腸内細菌のなせる業でしょう。

もっと顕著なのは、現代の森美智代さんの例でしょう。森さんは、一日一杯の青汁といくらかのサプリメントだけで、もう二〇年以上も元気に過ごされています。現代の栄養学、医学の常識からいえば、到底あり得ない常識外の食生活です。

二〇代の頃に脊髄小脳変性症という難病を発症したことを機に、断食と生野菜食を始められて、現代の医学では「治らない」とされていたその難病を克服し、その後も一日一杯の青汁で鍼灸師の仕事を続けておられます。理化学研究所で調べたところ、やはり腸内細菌がまるっきり違っていました。人間にはほとんどいないような腸内細菌が大量にいて、普通であれば便通をよくする程度の働きしかしない食物繊維が、そうした菌に分解されてアミノ酸が作られているのでしょう。

タンパク質をまったく摂っていないのに体内でタンパク質が作られるということになると、もはや同じ物を食べても「その人がどういう腸内細菌をもっているのか」によって、栄養効率はまったく異なるということです。それを十把一絡げに「理想的な炭水化物とタンパク質と脂質の比率はいくつ」「一日に必要なカロリーはいくつ」などと相も変わらず主張している現代栄養学は、どう考えても、さまざまな環境で生きている現実の人間の事情に合っていません。

医学においては、便移植といって腸内細菌を移植する治療法が始まっていますが、効果が上がることもあれば上がらないこともあるようです。これについては、もう四半世紀ほどのお付き合いになる小池統合医療クリニックの小池弘人院長と対談をした際に、「その人にとってはよい腸内細菌も、別の人に移植され、新しい環境に置けば、どう働くかはわかりませんよ」とうかがいました。

腸内には多種の菌が存在し、腸内の環境によって働きの変わる日和見菌などもあるため、受け入れる側の菌との相互作用によって、よい方向に働くこともあれば、悪い方向に働くこともあるのでしょう。健康な人の腸内細菌を不健康な人に移植すれば健康になるという、そんな単純な話でもないのです。

さらにいえば、性格や思考といった心理的な面も、腸内細菌によって左右されるといいます。どうやら脳と腸はお互いに影響を及ぼし合っていて、強いストレスを感じるとお腹が痛くなる、緩くなることがあるのと同時に、当然その逆もあり、腸内の環境が乱れていると不安やストレスが増えるともいわれています。

また、最近、空腹を感じたほうが長寿遺伝子が活性化するなど、断食が見直されているようですが、断食をするにしても心理面が大いに影響します。かつて、整体協会の野口晴哉先生が「『食はない』と『食へない』は大違いだ」とよく講座などで話をされていました。ただ「は」と「へ」の違いですが、「食はない」と決めて断食すれば心身の健康改善に役立つかもしれませんが、たとえば山や海で遭難して「食へない」という状況に陥れば、恐怖や不安から急速に身体が衰えるでしょう。人間は、そうした心理的な違いによってまるで変わってしまうのです。

物理学では、三体問題というものがあります。物体が二つであれば「このときに、こう」と論理的に考えることができて、次に起こり得ることを予測できるものの、物体が三つに増えれば、途端に予測不能になるということです。脳（心）と腸、そこに腸内細菌と、少なくとも三者がかかわり、互いに影響し合っているわけですから、正確な予測などできません。

ですから、論理によって記述するという現代の科学による方法は、そろそろその限界が見えてきているように思います。特に栄養学はそうでしょう。ある人にとってはよい栄養となる食べ物も、異なる腸内細菌をもつ人にとってはまったく違う作用を及ぼすわけです。そう考えると、栄養学云々よりも、自分の腸内の有用な腸内細菌が喜ぶようなものを食べる、その身体感覚のほうが大切なのではないでしょうか。

現在の科学の問題は心の影響を取り扱えないこと

現代の医学は、プラセボ（効き目があると思い込むことで、本来は薬効のない物質の投与でも体調などがよくなること）、ノセボ（有害なものでなくても、有害だと信じ込むことで、投与された結果、体調が悪化すること）といった心理作用が存在することは認めつつ、その心理的な働きを邪魔なもののように扱っています。心理状態という非常に不安定なものを含めればあまりにも個人差が大きく、科学的ではなくなるという見方が、今の医学であり、今の科学です。しかし、私は、その考えそのものを根本から変えなければいけないと思います。特に人間を対象とした医学や体育に、心理的要素を除いて考えること自体、おかしなことです。

なぜなら、人が生きているということは、常に心理状態と切り放して考えることができないからです。

単純な例を挙げるなら、三〇キロほどある重い荷物を運ぶとしましょう。その中身がごみで、ごみ収集場まで運んだらいくばくかのアルバイト代が出るという場合と、三〇キロの金で、「あそこまで運べたら、その金、全部あげるよ」と言われた場合では、同じ三〇キロでも感じる重さはまったく変わります。金であれば、重ければ重いほど高額になるのですから、人はその重さがストレスどころかやる気に変わるでしょう。

人間というのは、同じ行為でも、どういう心理状態で行なうかによって身体に与える影響は非常に異なるものです。

カリスマセールスマンと呼ばれる人が普通のセールスマンの何倍もの売り上げが可能なのも、心法といいますか、一つの技なのだと思います。優れたセールスマンは、客先の玄関のチャイムを鳴らす、その押し方から違うと聞いたことがあります。相手が初めて会う人でも、「断られたら嫌だな」と思いながら恐る恐る鳴らすのではなく、まるでよく知っている人のところに来たかのようにチャイムを鳴らすのでしょう。そうすると、その空気というか雰囲気に、相手も「あれ、なんだかこの人、知っていたかな」というような気持ちになって、つい話を聞いてしまう。

人というのは、話の合う人と会話をしたいという潜在的な願望は常にもっているものですから、優れたセールスマンは、そこにフッと入ってしまうのでしょう。その「技」は、私の「意識して出した手は払われてしまう（拒否される）けれど、意識しないで出た手は払われない」という「影観法」に通ずるものがあるように感じます。

この「起こった事象の影響も心理状態で大きく異なる」という現象は、医療の場でも同じです。

重大な病があると告げられたときに、そのまま気落ちして鬱のような状態になるのか、なんとか平常心を取り戻し、前向きな気持ちにもっていくのか、それだけでその後の経過はずいぶん変わるものです。

見舞いにもらった花の匂いを「ああ、いい香りだ」と思えれば、「またこういう花を見たい、育てたい」といった連想が広がり、生きようとする意欲が湧いてくるけれども、花にも何にも関心がなくなっているときには、どんどん死に向かっていっている――。そうした話を、以前、整体協会の野口裕之先生から伺ったことがあります。

また、たまたま交通事故で亡くなったビジネスマンに相当進んだがんが見つかったけれど、そのがんはもうそれ以上広がらないような状態になっていたという話もありました。そのビジネスマンは張り切って仕事に打ち込んでいて、体調が悪そうなところはまったくなかったそうです。

こうした心理的な影響をどこまで医療の技術として取り入れられるかが、医療が直面しているいちばん大きな課題だと私は思うのです。しかし現在は、心が大きな影響を及ぼすことは事実なのに、「対応のしようがないから」と切り捨ててしまうように思えます。ですが、これが医療の正しい在り方なのだとは、どうしても思えません。

ただ、心理的なところを取り入れようとすれば、因果関係があまりにも複雑になり、今の医学、科学の枠組みでは取り扱えないことも確かでしょう。それだけに、私は、これからの人類の大きな課題は、言語以外の表現形態といいますか、思考方法といいますか、そういう今までの常識の概念を超えた方法を開発しなければならないと、強く思います。

言語、つまり言葉というのは、「ことば」の三音ですが、後ろの「と」と「ば」を入れ替えて、「こばと」に変えたら、「仔鳩」になり、まったく意味が異なるように、前の音と次の音の組み合わせ、もっと詳しくいえば、前の音の順序でできるグループと次の音との組み合わせで「何か」を理解していくという一対一の組み合わせを連続させた表現形態です。しかし一方で人間は、パッと見ただけで膨大な視覚情報を一瞬で把握しています。さらにいえば、視覚だけでなく、もっと全体的な身体感覚でより多くの情報を捉えています。

その直感的な感覚をそのまま伝えられるような表現形態が発明されれば、心理的なところも扱えるようになるのではないでしょうか。ただ、今の私にはそれがどういうものになるのかはまったくわかりませんし、それはもう「科学」というカテゴリーでは呼べないものになっているような気がします。それほど見当もつかないものですが、原子力を利用し、遺伝子さえ操作し始めた人間にとって、そうした革命的な思考形態を開発しないと、この先、さまざまな形で噴出してくるであろう困難な問題には、もう対応できなくなってしまうような気がします。

残酷な現実の上に我々の「食」は成り立っている

私が武術研究者としての道を歩むようになったきっかけは、すでに述べたように畜産学科での実習でした。生命を踏みにじっていることの上に現代社会の経済や生活が成り立っていることを知り、「人間にとって自然とは何か」を深く考えるようになったのです。ですから、食の問題というのは、ずっと私の心の中にあります。

人間の欲望のために命が踏みにじられているというのは、私が大学時代の実習で目にした孵卵場でのヒナの雌雄鑑別の場面だけではありません。畜産のさまざまな場面に見られます。なかでも、フォアグラの作られ方はその典型でしょう。フォアグラは、強制的に高カロリーのエサを食べさせられたガチョウの肥大した肝臓です。

羽ばたきも羽繕いも方向転換すらできない狭いケージに閉じ込められ、脂肪肝にするために、大量のエサを長い棒で胃に直接流し込まれる。胃に直接流すのは、吐き出させないためです。それを数週間続けた後、屠殺して肝臓（フォアグラ）を取り出すのです。なぜここまで残酷な仕打ちをしなければいけないのか。金になるためなら何でもする、動物虐待以外の何物でもありません。

フォアグラほどではないにしても、本来、草を食べるべき牛に穀類などの濃厚飼料を与え、栄養過剰で成人病のような状態になった牛を「肥育牛」と称して出荷する。これもフォアグラと似たような考え方です。以前、九州で講習会を行なったとき、このひどい仕打ちに加担している獣医師から、苦しい胸の内を明かされたことがあります。その獣医師はもともと動物が好きで獣医師になったそうですが、「正直、つらいです」と現在の畜産の在り方について語っていました。

採卵鶏にしても、羽を広げることも歩くこともできない狭い個別のケージに入れられて、まるで卵を産む機械のように飼育されています。

ただ、最近ヨーロッパでは、たとえ食用として飼育されるにしても、生き物として快適な暮らしをさせるべきだという考え方が広がってきて、採卵鶏を狭い個別のケージに入れて飼育することはやめようという動きになってきました。ところが日本では、羽ばたきもできない狭いケージでの飼育が当たり前の状況が、まだ続きそうです。だから、卵は物価の優等生でいられるのです。

少し前に元農林水産大臣がアキタフーズという鶏卵生産会社の元代表から賄賂を受け取っていたという汚職事件がありました。それは、日本でも家畜の福祉を見直すべきだとの考えが出てきつつあるなか、ヨーロッパ同様にケージ飼いを禁止すれば、設備投資が必要になり、卵を安く提供できなくなるため、現状を維持するために現金が送られたという話でした。

今は、人類史上最も飽食で、昔は高級といわれていたものを安く食べることができる時代かもしれませんが、それはこうした現実の上に成り立っているのです。私は、大人が子どもたちに言えないようなことはやるべきではないと思います。

「人はパンのみにて生くるものにあらず」とは聖書に出てくる言葉ですが、食物は「ただ安ければいい」というものではないと思います。イスラム教では動物の肉を食べる際、その動物が苦しみを最小限で殺されたかどうかを問題にしていますが、これは人として当然の配慮だと思います。

六章
死ぬそのときまで納得して生きるために

少数派として生きてきた

二〇代に入る半年前の畜産学科での実習で、孵化直後の雄のヒナを、まるでごみを捨てるかのように捨てていた光景に接して畜産の道から離れたときから、私は常に社会のなかで少数派の立場になりました。「おかしい」と思ったことを、なぜ「おかしい」のかを調べて、その問題について考えていたら結果として少数派になっていたのです。

合気道をやめたときもそうでした。すでに書いたように、合気道に対する疑問が湧き始め「このまま稽古を続けても自分が追求したい武術として技が使えるようにはならないだろう」と感じたことがやめた大きな理由でしたが、まだすぐにはやめようと思っていなかった頃、突然降って湧いたように、私が合気道をやめることをハッキリと決定づけた、ある出来事がありました。

当時の私には、最も師事し師匠として尊敬していた師範がいました。その師範は、合気道の技のみならず、人として非常に絵になる魅力のある師匠でしたが、一九七七年の一一月に、この師のもとを突然去ることになったのです。私が松聲館道場で武術の研究を始める一年前のことでした。この日、私と私の兄弟子たちは、師匠がある剣道の道場から「演武をしてほしい」と招かれているということで、そこで演武をするために呼ばれました。私はいちばん新参だったので、最初に先輩の一人と鹿島神流の組太刀の演武を行ないました。そして次に私と剣術を演武した先輩が、さらに上の先輩で私の師匠の師範代格として私も親しく教えを受けていた人物の受けを取ったときに異変が起こりました。

この師範代格の先輩は大変実力のある方で、合気道に失望しかけていた私も、この先輩の教えを受けられることで、続いていたところもありました。そういう先輩でしたから、演武は迫力のあるものでしたが、その迫力はこのとき、この演武を観ていた剣道を稽古している小学生たちには「すごい」というより、ちょうどその頃人気のあったドリフターズのドタバタ劇のように感じられたのでしょう。鍔迫り状態から一気に相手を投げ倒す鹿島神流の技にドッと笑い転げたのです。

凄まじい迫力の技はさらに続きましたが、そのたびに子どもたちは笑い転げます。

このままでは、投げたり抑えたりする合気道の演武になっても子どもたちが大笑いをする可能性があります。そこをなんとかピタリと師匠は抑えられるだろうか、抑えてほしいと祈るような思いで私は観ていました。

当時、誰よりも多く師匠に接していたので、師匠の言動はよくよく知っていました。ですからこういうとき、私が日頃から憧れていた師匠のイメージどおりであれば、その場の雰囲気をガラッと変える発言なり、行動をするはずでした。なぜなら、私の知っている師匠は、もし誰かがこのような状況に遭ったということを耳にしたら、その人に向かって「君ね、そういう場をどう収めるかに、武道家としての力量がかかっているんですよ。そういうときにその場を変える対応がピタリとできてこそ、今という時代に武道をやっている意味があるんだから」と、それこそ一二〇パーセントの確率で言う人だったからです。このことは、後に確かめましたが、その場に居合わせた兄弟子二人もまったく同じ意見でした。

しかし、現実は私の師匠も演武を子どもたちに大笑いされ、それを不快な顔で我慢して、何の具体的な発言も行動もないまま、おかしな雰囲気のなかで演武は終わりました。演武が終わったとき、私は「師匠との縁もこれまでだ」と思いました。そしてこの出来事が直接的なきっかけとなり、私は合気道から離れることに決めたのです。なぜなら、こうした出来事を目の当たりにしてしまっては、その後、いくら師匠から素晴らしいことを言われても、どんな顔をして聞いていればいいのかわからなかったからです。何より、私が純粋に尊敬し憧れていた、師匠の教えどおりの生き方を貫こうとすれば、離れるという選択肢しかありませんでした。

おかげで、何も後ろ髪を引かれるようなこともなく、すっぱり合気道と袂を分かつことができました。そうして、武術を独自に研究するという少数派の生き方を選択することになったのです。

私が独自に武術を研究し、その研究成果がバスケットボールや野球に応用され、成果が出たことは、一時かなり世間の話題になりました。特に二〇〇〇年の桐朋高校のバスケットボール部の活躍や、二〇〇二年に桑田真澄投手が最少防御率の成績を挙げたことで、私の武術の技と術理をスポーツに応用することは、いくつかのスポーツ競技の関係者に関心をもたれ、指導に招かれることもありました。しかしすでに述べましたが、私の技が有効であればあるほど、スポーツの常識とはかけ離れていることで気まずい雰囲気となり、二度と招かれないということを幾度となく経験しました。世の中は、実際に「できるか、できないか」よりも、そのことにかかわっている人の面子や立場、利害関係のほうが優先されるということを嫌というほど見せつけられました。このようなことを通して、少数派は疎まれやすいことを身をもって体験してきたのです。

でも、それも私に与えられた人生のシナリオだったのでしょう。

「おかしい」と感じたことを「おかしい」と言う人生を選び、長いものに巻かれるのではなく、少数派で生きることを受け入れたからこそ、それまではなんとなく、ただ流されるようにして生きてきた自分が、深くいろいろなことを考えるようになったのですから。おかげで、雌雄鑑別で雄のヒナが殺されているのを目の当たりにした三か月後には、周囲の誰と議論をしても負けないくらいの自信がもてるようになりました。

当時は、まさに七〇年安保の真っただ中で、学生運動が盛んでした。安保闘争に没頭する学生たちを横目に、「そんなことより、もっと本質的で大事なことが他にある。人間が文明を築いてきたことで他の生き物に絶大な犠牲を強いてきたこと、栄養学や医学などに、もっと根本的な問題があるじゃないか」などと冷やかな思いで学生運動を見ていました。

ただ、二〇代は「人間の運命は完璧に決まっていて、同時に完璧に自由である」ということを、武術を通して解き明かしたいという人生のテーマは決まりましたが、具体的に何をすれば道が拓けるのかはわからず、人生は灰色で、ただただ稽古をしながら考える毎日でした。そして、先の出来事を機に思い切って二九歳で合気道界を飛び出し独立したのですが、独立してみるとまるで用意されていたかのように次々と私の将来に希望がもてるような出会いがあり、道が拓けていったのです。

「おかしいな」と思っても多数派に合わせてのみ込まれてしまう人が多く、そうすれば、ある意味では楽な人生が送れるかもしれませんが、私の場合それはあり得ませんでした。

社会のなかで少数派の立場をとっても、「おかしい」と思うことには「おかしい」

と言い、誰かに委ねることなく自分自身で考えて生きていれば、少数ながらも共感してもらえる人たちとの出会いがあり、普通ではなかなか出会えない人や場面に遭遇することもできます。

人生の最大の楽しみは、本当に話の通る人たちと交流することではないでしょうか。そういう意味では、本当にいい縁に恵まれたと思います。ですから、今では私が合気道を離れるきっかけとなった私の師匠にも本当に感謝しています。

会を解散したら、縁が広がった

二九歳のとき、合気道から離れて独立するときに立ち上げた「武術稽古研究会」は、二〇〇三年に解散しました。理由はいくつかありますが、一番大きかったのは、私の武術における一番の盟友である「光岡英稔」という傑出した武術家に出会ったことです。

現在四〇代後半の光岡師範は、武術の実力においても術理の詳しさにおいても、武術というもの自体に対する考察においても、肩を並べられる人を探すことが困難なほどで、こうした人物と親しく接することのできた運のよさには、本当に感謝しています。

その実力がどれほどすごいのかといえば、たとえば、もう二〇年も前ですが、ある空手道場にぶら下がっていたサンドバッグを光岡師範が打ったときには、打撃が一瞬でサンドバッグの反対側に達したのか、サンドバッグが振り子のように振れず、くの字になって激しく上下動し、サンドバッグをつるしていた金具がその衝撃に耐えられず伸びて、サンドバッグが外れて落ちてきました。

また、あるときにはレスリングのコーチに武術の原理を丁寧に説明されていたのですが、コーチは薄笑いを浮かべて、本気で聞いていませんでした。そして説明が一段落したところで、「では、ちょっと実演してみましょうか」と、立っているそのコーチの両肩をトンと両手で押し飛ばす動きをされることになりました。

私は「これは補助に入ったほうがいい」と思い、そのコーチの後ろで、これから飛ばされるコーチに怪我がないよう用心して立っていました。するとどうなったかというと、両肩を押し飛ばされたコーチは、後ろにはほとんど飛ばされず、Ｖの字になって宙に浮いたのです。つまり、両足が跳ね上がって、脚の脛が顔のあたりにまで上がり、頭が後ろに立っていた私の胸のあたりに倒れ込んできました。もちろん私が支えましたから何の怪我もありませんでしたが、そのコーチは驚愕し、すっかり態度が一変して、まるで別人のような丁重な言葉遣いになりました。

これらはもうずいぶん前の出来事です。現在の光岡師範は、この当時からはるかに上に行かれていますから、今の実力はちょっと計り知れません。

いずれにしても、光岡師範に出会い、こんなすごい人がいたのかと私自身が感銘を受けたことが一つのきっかけとなり、私は武術稽古研究会を解散しました。というのは、「私の会に所属している人のなかにも光岡師範に学びたいと思う人がいるだろうが、私の会に所属していたら私に遠慮してしまうのではないか」と考えたからです。私自身が感銘を受けたからこそ、私のところで学んでいる人にも、私に気兼ねすることなく光岡師範に学んでほしい、と思ったからです。

会を解散させたもう一つの理由は、会のなかで見えないランク付けが生まれてきたことです。私の武術稽古研究会では段位も作りませんでした。なぜなら、そうした階級があると不要な権威が生まれてしまうからです。第一、常に研究している私にとって、これが正しいなどと断言できるものがないので、段位の基準もできないからです。たとえば、剣道では八段に特別な意味をもたせています。一般の人にとっては七段も八段も大して変わらないように思うでしょうが、七段から八段に上がる昇段審査の合格率は一パーセント未満といわれています。それだけに業界内では権威があり、七段から八段に上がったその日から、いきなり先輩に対しての口のきき方が変わり、それまで敬語で話していた人に対してもタメ口になるような人がいるそうです。

そうした武道界の嫌な例を数多く見聞きしていましたので、「ああはなりたくない」との思いから、自分自身の会では段位というものをあえて設けず、お互いが共同研究者として、ともに探求することを大切にしてきました。しかし、年数が経ち、活動の場が広がるにつれて、松聲館道場で稽古をできる人は序列が上で、カルチャーセンターで私の講座に出ている人は下というようなランク付けをし始める人が出てきたのです。

そのことも会を解散しようと決意した大きな理由でした。

会という組織を手放してから一〇年ほども経ってみると、いつの間にか他の武道や格闘技の人と手を合わせても驚かれるような人たちが何人も育ってきました。一つには、会という組織ではなくなったことで、純粋に技の上達に興味のある人しか稽古に来なくなったことも、その理由でしょう。稽古研究に熱意のある人だけが残り、「何か武道をやって初段ぐらいの資格は取っておこう」などという人とは無縁になったことも、稽古会の雰囲気がよくなった理由の一つだと思います。

また、会のままだと、所属していることでの満足感や帰属意識があるのか、どこか形式に縛られ、考えを硬直させていたのかもしれません。会を解散したことで、光岡師範のもとのみならず、いろいろな流儀を本格的に学びに行く人が増えました。

そうなって、会員だった人たちがどんどん私と疎遠になっていったかというとそうでもなく、私のところから出て新しく出合った武術のトップの人に私を紹介したいということで招かれたりすることなどもあり、私自身も以前にも増して刺激をもらうようになりました。また、会員制度ではないので、私のところに来る人は、私への関心や好意という、人と人がつながる際の最もシンプルな関係でつながっているだけですから、親しさが会員としてのときより自然と深まってきているように思います。

組織をカッチリつくるよりも、緩いつながりのほうが、むしろ気持ちの面では深くつながることができるのではないでしょうか。会を解散して十五年以上が経ちますが、解散してからのほうが、稽古会に参加する人の実力も上がり、そうした人たちの研究も深まり、それを私に紹介してくれるので、私自身の技の研究も進みました。

各自が〝自分流〟の開祖になる

一般的な芸事では、「まずは基本をしっかり覚えて、それから応用です」とよくいわれますが、私の稽古会では、「教える人」と「教わる人」という一方的な関係ではなく、学んでいる一人ひとりが〝自分流〟の開祖になることをめざして稽古を行なっています。

稽古の場では、今、私が取り組んでいる最先端の技を解説し、その技を受けてもらいます。そして、「なぜ躱せないのだろう」「こんなに踏ん張っているのに、なぜこんなにも簡単に崩されてしまうのだろう」などと相手に考えてもらいます。実際に体感し、「あれ、不思議だな」と感じたことに対して「なんでこんなことができるのだろう」と思うことで、一から自分の感覚が育っていきます。誰かから言われた基本を頭で覚えてなぞるというやり方ではありません。

面白いのは、私がある技を「こうこうこういう原理で利くのですよ」と説明して教えるよりも、「ああ、そうか。この技が利くのはこういう原理なのか」と、自分の中での気づきを独り言のように、自分の考えを整理しながら説明したときのほうが、稽古を積んで感覚が育ってきている相手には、より伝わるということです。もちろん武術の稽古を始めたばかりの人には難しいことですが、ある程度稽古をしてきた人には、教えようと思って伝えるよりも、独り言のように気づきをつぶやいたほうが、よりよく伝わります。やはり、一緒に稽古をしながら、ともに原理を考えるという、共同作業をやっている感じが、人が育つのにはいちばん有効なのだと思います。

このことは、筋トレの問題点を挙げたときに述べた「必然性が大事」という話にもつながってきます。戦争の末期、日本がどんどん負けていって、人がいなくなり、南方のほうにあった航空基地にも人がいなくなってきて、ただ手伝いに来ていた少年に、飛行兵が飛行機に乗る相棒として操縦を教えることになったときのこと。教えるほうも、少年が一刻も早く覚えてくれなければ困るので偉そうに教えるわけではなく、親身になって教え、少年のほうも憧れの飛行機に乗れるということで熱心に学び、驚くほど短い期間で操縦できるようになったそうです。これは戦争という切迫した状況下での極端な例かもしれませんが、教えるほうと学ぶほうの切実さが、学びの上で重要な必然性を生み出すと、覚えるのに要する期間が大変短くなることは確かだと思います。

このように各自が必然性を感じながら基礎から自分でつくり上げ、自分流の開祖をめざしていく方法を、誰からともなく「松聲館方式」あるいは「松聲館スタイル」と呼ぶようになり、最近では私もこの「松聲館スタイル」という用語をよく使っています。

そうした方法で稽古をするようになって一五年以上が経ち、先述したとおり、現在では、武道や格闘技で一流とされている人と手を合わせても、驚かれるような動きができるようになった人たちが複数、私の周りに生まれてきました。なかには私にも理解できないような術理に気づき、自分流をどんどん進化させている人もいます。

たとえば、カラダラボの山口潤代表もその一人で、身長一七七センチで体重は九三キロという、やや大柄ではありますが、歩いていて人に振り返られるほど大きくもない体格ながら、一四〇キロから一五〇キロもある現役の幕下力士とまともに組んでも、押し負けません。むしろ、はるかに大柄な相手を圧倒してしまう。これは、相撲の世界ではあり得ないことです。

なぜそうしたことができるのかを尋ねると、その説明がふるっていて、私には理解できないのですが、大変興味深い解説が返ってきます。

いちばん印象に残っているのは、「人間は卵と同じで白身と黄身をもっています。白身は力士とか教師とか警察官とかその人が所属しているもののことで、押すときにはその白身を押せばいいのです」という説明でしょうか。私のみならず、山口代表の近くで稽古をしている人たちの誰も理解はできませんが、確かに体重差のある力士を相手にしても押し負けないのです。

ですから、もう私のもとを離れてドンドン展開していってもらえればいいと思うのですが、今でも私と稽古をすると思いがけない気づきを得られるからと、私の講習会を主催し、「みなさん、大いに甲野先生に学んでください。自分ができるようになったのは、すべて甲野先生から学んだことが元になっていて、それで身体感覚の世界を知り、劣等感の塊だった自分から抜け出せました」とツイッターなどで呼びかけられるので、この山口代表の現在の感覚が理解できない私としては、有難くもありますが、なんとも面映ゆい思いです。きっと山口代表は、これからも、どんどん新しい気づきを得て、さらに新しい世界を拓いていくことでしょう。

「松聲館スタイル」では、誰かに言われてやるのではなく「なんでこんなことができるのだろう」と体感しながら行なうからこそ、学ぶ意欲が高まり、上達するのだと思うのですが、このことの他にも効用があって、それはともに稽古する人たちの仲が悪くならないところです。「それぞれが自分流の開祖になってくださいね」と言っているので、他のできる人を嫉妬しないで済みます。上手な人を妬むのではなく、素直に参考にするからでしょう。他人の優れた技は自分流を完成させるための大事な資料になるわけです。この状況は、スポーツ選手が他のジャンルのスポーツや芸事の動きを取り入れようとするときにはそういった、他のジャンルの人の動きに関心はもつでしょうが、競争心はもたない、ということと同じような心理かもしれません。

こういう「松聲館スタイル」に比べると、同じ価値観で競い合う世界は大変です。たとえば講道館柔道の開祖である嘉納治五郎師範の晩年は門弟同士の嫉妬や足の引っ張り合いの調停にずいぶん骨を折られたそうです。武術や武道の世界に限らず、一般の会社でも上位のポストを狙ってややこしい人間関係が生じやすいものです。

ところが、各自が自分流の開祖をめざせば、できる人を素直に認められ、面倒な組織内での勢力争いや、ややこしい人間関係は生じません。いろいろな組織でも、会社でも教育現場でも、なぜこの「松聲館スタイル」でやらないのか、不思議な気がします。まあ、世の多くの人は、自分が頂点に立って他の人たちを従えたいと考える傾向があるからでしょうか。「あいつは俺が教えたんだ」と言いたい、「すごい」と思われたいという願望の抜けない人が多いからかもしれませんが、私にはよくわかりません。

「まずは基本をしっかり身につけよう」という一般的な稽古事の常識には反するように見える「松聲館スタイル」ですが、あらためて考えると、昔の職人の世界は、手取り足取り教えられるのではなく、基本からすべて自分の中で組み上げていくというものでした。最初のうちは炊事・洗濯・掃除などの雑用ばかりさせられて、肝心の仕事はまったくやらせてもらえない。ようやくやらせてもらえるようになっても、教えてはくれない。一見、非効率のように思うかもしれませんが、雑用をしながらも、その場にいることで自然と伝わってくるものがあり、そこで誰にも教わらず、自然と身についたものが、実際に仕事をするようになったときにいちばん役に立つのだと思います。これは、幼い子が、ただその環境の中で育つだけで、自然と言語を覚え、そのネイティブな言語が、その人間のさまざまな行為の基盤になっていくのとちょうど同じようなことではないでしょうか。

こうした教え方の典型例の一つは、鉋(かんな)の台を作る熟練職人であった伊藤宗一郎氏の話です。父親に弟子入りして修業を始めたのですが、何一つ教えてもらえず、修業を始めた頃は作ったもの五つが、翌日、すべてマサカリで割られていたそうです。がっかりするものの、作り続けているうちに、五つのうち一つ割られなくなり、そのうちに割られないものが二つになり、三つになり……と増えていき、最終的に五つすべてが割られなくなったという話なのですが、このときにも「どうしなさい」とは一切言われなかったそうです。何がいけなかったのか、何が違ったのかと自分で考え、技術とともに技術修得のために重要な感覚を育てていったわけです。

こうした名匠と呼ばれたような職人たちの修業時代の話を聞くと、私が行なってきた「松聲館スタイル」と重なるものを感じ、これまでやってきた方向性は間違っていなかったのだなという気がしてきます。

自分の本心は自分でも気づかないことがある

長く生きていると、誰でも思いがけない出来事の一つや二つに遭遇することがありますが、思いがけない自分に出会うことはあまりないと思います。ですが私は、仕事柄なのか、思いがけない自分と出会って驚いたことが何度かあります。

その一つは、三〇年ほど前、自分の道場で一人で稽古をしていたときのことです。ふと「この先、大して技は伸びないのではないか」と思ったことがありました。常に何かしら新しい気づきや技の進歩があるのに、そのときには数日間、あまり進捗を感じられなかったのです。それで、「ああ、自分はもうこんなものなのか」とふっと思ったのですが、その瞬間、「こんなところで終わるくらいなら、自分はもう死んだほうがましだ」というそれはそれは凄まじい気持ちが自分自身を襲うようにいきなり噴き上がってきました。

それはもう突然、身体の中から噴き上がってきて「ウワッ、自分はこんな鬼を体内に飼っていたのか」と、震え上がるほど怖くなりました。あれ以来、二度と〃鬼〃は出てきていませんが、「今までにいちばん怖かったことは」と問われたなら、私はこのときのことを挙げます。誰かに脅されたり怒られたりしたことよりも、「こんなにも恐ろしい鬼が自分の中にいたのか」と知ったこの日ほど、怖かったことはありません。

それから、二〇〇六年にフランスへ行ったことも、思いがけない自分に出会うきっかけとなりました。

このときは武術の関係ではなく、あるモダンダンスのダンサーのつながりで呼ばれて、生まれて初めてフランスの地を長男の陽紀と訪れました。現地のダンサーたちに武術の動きを教えることが依頼された仕事で、予定のない日には、私をパリに招いた日本人ダンサーの男性に案内してもらってルーブル美術館をはじめ、いろいろなところに観光で行くという日々を過ごしていました。

いろいろと案内してもらい、異国の風景に多少珍しい思いもしましたが、特に興味を惹かれたこともなかったのです。ただ、なぜか「ああ、毎日ずっとこの繰り返しでも別にいいな」と思っていました。それまで日々武術の探求を中心に生きてきた私にとっては、生まれて一度も感じたことのないような感情でした。そして、ふっと日本のことを思い出すと、「ごみごみしているな、日本は」と、まったく恋しくなかったのです。むしろ、日本的なものに対する拒否感がありました。

フランスに一週間滞在した後、ドイツに立ち寄り、合計一〇日ほどで日本に帰ってきたのですが、自宅に着くと、海外をそんなに長く旅行してきた感じはなく、まるで国内を三、四日旅行して帰ってきたような感覚でした。フランスの記憶はすっかり遠のいて、「そういえば何か月か前にフランスに行ったな」ぐらいの感じだったのです。

ただ、いつも身につけている和服になんとなく違和感を覚えたり、ドイツで泊めてもらった知人宅で読んだ檀一雄の『夕日と拳銃』という小説にすっかりのめり込んで、飛行機の中でも贈られたその本をずっと読んでいたりと、どこかいつもと違う精神状態だったのです。帰国してからも、内容はまったく同じであるにもかかわらず、いくつかの出版社から出ている『夕日と拳銃』をなぜか買い漁り、『夕日と拳銃』の主人公・伊達麟之介のモデルとなっている伊達順之助について書かれている『灼熱』という本を見つけ、読み耽っていました。

伊達順之助は、満州に渡って中国籍をとった日本人で、最終的には中国の法廷で死刑を言い渡されるのですが、それでもまったく動揺せずに受け入れて、遺書を書き、さらに処刑される直前に「酒をもらえるか」と酒を所望して、酒が出されるとこれを旨そうに飲んでから、冗談を言って満場を笑わせ、そうして死んでいくのです。非常に肝の据わった、豪胆な人だったようです。

『夕日と拳銃』や『灼熱』を読み耽っているうちに、どんな作用が働いたのかはわかりませんが、落ち着き、元の精神状態を取り戻していきました。

その間もその後もフランスのことを特に思い出すことはありませんでしたが、帰国してから一年が経った、ちょうどフランスに行った頃の晩秋のある日。私の自宅近くに建った一六階建ての大きなマンションの入居が始まったらしく、窓に明かりが灯り始めたのを見ているうち、「そういえばパリで泊まったホテルの裏の景色に似ているな」と思ったのです。すると、次の瞬間、まるで津波が押し寄せるようにフランスのことが恋しく思えてきたのです。ビックリしました。自分の気持ちの変化にあんなに驚いたことは他にありません。それまでは大して思い出すことさえなかったにもかかわらず、故郷を激しく恋い慕うように、「今すぐにでも行きたい」と思うほどの思いが押し寄せてきたのです。

あのときにも、「自分の本心というのは自分にも明かさないのか」と驚きました。自分自身でも気づいていなかったのですが、どうやらフランスに着いたとき、私は大きなカルチャーショックを受けていたようです。ただ、そのカルチャーショックがあまりにも大きかったために、そのときには感情が凍結したかのようになって気づかず、一年越しに「ああ、あそこに行きたい」と思う気持ちがあふれ出たのです。

これはちょうど、交通事故に遭って打撲を受けたとき、それをあまりにも速く身体に受けると打撲自体を感じず、後日、体調が急変することがあるように、精神的ショックも、それが一瞬で入ると、そのショック自体に気づかないことがあるのでしょう。

何にそんなにもカルチャーショックを受けていたのかは、わかりません。おそらく一番は、町の景色だったと思います。町並みの美しさに、自分でも気づかないうちにカルチャーショックを受け、その衝撃があまりにも強かったため、一年後にようやく湧き出てきたのでしょう。その感覚も、前にも後にもあのときの一度きりです。

長く生きていても、本当に人間は謎だらけです。

今の社会をなんとかするよりも、もっと大切なこと

自分自身がどう年を重ねるか、いかに納得した人生を送るかということは大事ですが、私自身は、年を重ねるにつれて、自分のことよりも自分たちより後の世代のことを考えるべきだと思うようになりました。そのため、才能のある若い人が世に出る後押しをしたい、これからの社会を担う若い人たちが健やかに育つようお手伝いしたいという思いが、年々強くなっています。それが、長く生きた者の務めだと思うからです。

今、世の中はCOVID-19、つまり新型コロナウイルス感染症にどう立ち向かうか、その話題一色になっていますが、私はそんなことよりよっぽど真剣に向き合わなければ

ばならない深刻な問題があると思っています。

毎年八〇〇万トンものプラスチックごみが世界中の海を汚しています。プラスチックは半永久的に分解されないため、海に影響を与え続け、海に棲む生物を傷つけ、時には命を奪います。海洋プラスチックを減らすために「レジ袋を使わないようにしましょう」といわれますが、皮肉なことに、このところ使い捨てマスクや食品のデリバリーの利用が増え、プラスチックごみはむしろ増えているようです。

また、原子力発電に伴って出続ける放射性廃棄物をどう処分するか、という問題にもまだ答えが出ません。まるで臭いものに蓋をするかのように、人が近づかない地下三〇〇メートル以上の場所に一〇万年保管しておけば無害化できるなどといいますが、原子力発電を続ける限り、放射性廃棄物もどんどん出てくるのですから、どう考えても無理があります。そもそもこれだけ地震の多い日本で、地下三〇〇メートルが安全なわけがありません。本当にとんでもなく罪深いものを造ったと思います。

ですが、この時代に生きている以上、私自身も、プラスチックや電気を使わなければば生活はできませんから、同罪です。この時代に生まれたということは、幼い子どもであってもある意味、同罪なのです。そのことは深く自覚しています。

海洋プラスチックごみにしても、放射性廃棄物にしても、ただ「ごみを減らしましょう」「地下に埋めましょう」というだけでは、何も根本的な解決になっていません。特に放射性廃棄物に関して言えば、本質的に解決するには、私は、今の科学ではいちばん困難といわれている「原子そのものを解体する」方法しかないのではないかと考えています。

現在の科学では答えの出ないこうした問題を解決するには、常識にとらわれない新しい発想で、けた違いに科学技術を発達させる必要があるでしょう。しかし、物には光と影がつきものですから、発達したら発達したで、今は想像さえできない新たな弊害も出てくるはずです。とはいえ、もう江戸時代以前に戻ることは不可能なのですから、そのあたりの弊害に対してもなんとか対応して、前に進むしかありません。

そのためには、ものすごく頭の柔らかい人が、本当に頭の柔らかい才能のある子どもたちを育てるということをしていくしかないでしょう。少なくとも、今のような受験のための教育、正解ありきの勉強では、現在ではその方法もまるで見つかっていないような技術を開発できるような人物は育ちません。

私は、今回の新型コロナウイルスの感染症騒ぎで、答えの見つからない問題に振り回され、うろたえている大人たちを見て、いかに現代人が、あらかじめ答えの用意された受験のための勉強しかしてこなかったのかを、痛感しました。

その点、先日、ご縁があって訪問した長野県にある軽井沢風越学園は、子どもたちの豊かな発想が育ちそうな環境でした。幼稚園と小学校、中学校が一緒になった学校で、年齢差のある子どもたちが一緒になって遊び、学ぶところもよいと思いましたし、教師が一方的に教えるのではなく、子どもたちが遊びに没頭するなかで学んでいく、遊んでいるのか勉強しているのかわからないような学び方が工夫されていました。

「勉強の時間は勉強に集中し、休み時間に遊びましょう」「勉強と遊び、けじめをつけましょう」というのが一般的な学校の方針でしょう。でも、これでは枠にとらわれた発想しかできない常識的な人間しか育ちません。

これからの時代を切り開くには、勉強は勉強、遊びは遊びと区別するのではなく、夢中になって遊んでいることがそのまま勉強に結びつくような、子どもたちの直感や好奇心がそのまま思いがけない発想につながるような教育環境をつくるべきです。せっかくの子どもたちの旺盛な好奇心を抑えつけずに、そのまま引き出せる教育を行なわなければならないと思います。

そうした教育環境のなかで私自身にできることがあるとすれば、武術を通して「え？なんでこんなことができるの？」と驚いてもらい、技の背景にある人間の身体の不思議さや心の精妙な働きに関心をもってもらうことでしょうか。そこからどんどん自由に興味を広げていってもらえれば、もしかしたらまったく違う分野の新しい発想や発見に結びつく気づきが生まれるかもしれません。

私たちは、海洋プラスチックの問題や原発の問題など、自分たちの世代では解決できない問題を、若い人たち、あるいはこれから生まれてくる子どもたちに託すことになります。そのことをあらためて真剣に考え、これからの世代のために自分にできることは何か、この地球上で人間が自然に生きるとはどういうことなのか、命とは何か――、そうしたことを絶えず考え、自分にできると思う行動をしていれば、晩年になって「私にはもう何の喜びもない」などと嘆いたり、感染症の恐怖にうろたえ、ただただ生きることにしがみつくような生き方をしないで済むのではないでしょうか。

おわりに　人間にとって「自然に生きる」とは

得るものがあれば失うものもある。それは世の常です。

他の動物に比べて、けた違いに高い知能を身につけた人間は、便利さを追求し、道具や機械を駆使することで猛獣などの単純な天敵を遠ざけ、災害や病気、怪我といったものからも身を守り、長く生き延びられるようになりました。

しかし、そのことは人間という同種の生き物が殺し合うという状態を招き寄せたと思います。その証に「人類の歴史は戦争の歴史」といってもいいくらい、戦争は一向になくなりません。ＮＨＫの大河ドラマで人と人が殺し合うことがまったくない物語は一回もなかったと思います。同じ種の生物が互いに相手の命を奪うまで戦う例はあまりありませんが、なぜ人間が戦争をやめられないのかといえば、最初に述べたように、知恵を身につけ天敵に対抗できるようになり、天敵による〝増え過ぎの調整〟が働かなくなったために、自分たち自身が天敵の役割も担わざるを得ない宿命を背負ってしまったのだろうと思います。人間以外に、知恵が発達しているチンパンジーなどにも、同じ種であるチンパンジーの群れを襲って殺す現象が見られます。

天敵という存在は、生物に必要なものです。

その昔、アメリカのイエローストーン国立公園で、オオカミが絶滅したら、オオカミを天敵としていた鹿が増え過ぎて、その増えた鹿が植物を食い荒らし、植生が荒れ、鹿自体も食料不足に陥るようになったことがありました。その後、カナダからオオカミを導入したところ、次第に元の生態系に戻っていったのです。

人間も、知恵を身につけたことで一人ひとりの生存の可能性が高くなった一方、「数が増え過ぎれば食料不足で全体が生き延びられなくなるのではないか」という二次的な本能が働き、その固体数を減らそうとするために、どうしても戦争はなくならないのでしょう。

そして、感染症というものも、人間の個体数を減らす「天敵」のようなものです。目の前の親しい人が病に罹れば「なんとかしたい」と思うのが人の情ですが、そのためにこうした〝自然の天敵〟を避けようとさまざまな工夫をすれば、それによって自然の働きに歪みが生じ、それが拡大するような気がしてなりません。

人間にとって自然に生きるとはどういうことか――。

私は、五〇年かけてこのことを考えに考えてきました。武術の研究は私にとっては表の本職です。しかし、収入に結びつく仕事にはなりませんが、人生をかけて探求し、今も探求し続けている一番の専門は、「人間にとっての自然とは何か」を考えることであるように思います。そして、本書のテーマである「老境との向き合い方」についてて私に言えることがあるとすれば、繰り返し本書の中で述べてきた「人間にとっての自然を考える」「人が生きているとはどういうことかを考える」ということに尽きるような気がします。

ただ、テーマとしては内容が重過ぎるので、このことについて書くことにはためらいがありました。ところが、二〇二〇年に新型コロナウイルス感染症のパンデミックが起こり、私が想像していた以上に高齢者が動揺し、また識者、知識人などと呼ばれている人たちのなかでも、この現象を冷静に受け止められる人が驚くほど少なく、私としてはこの感染症の流行そのものよりも、そうした覚悟なく騒ぎ回る人たちの姿を見ることのほうがずっと衝撃を受けました。そのため、私のツイートは、私が行なっている身体に関する研究の気づきや講座・講習会の情報よりも、この感染症の過剰な対策についての問題提起が多くなりました。

そうしたなか、以前、長男の陽紀と身体の使い方に関する共著を二冊刊行した山と溪谷社の高倉眞氏から、私のそうした感想も含め「最近の気づきについて一冊にまとめてほしい」とのご依頼をいただきました。

ただ、最近はなぜかこの年齢にして人生最多忙な日々が続いているために「書く時間がありません。誰か私の話したことを上手にまとめてくださるライターの方がいらっしゃれば別ですが……」とお断りしたところ、「ライターなら優秀な人がいますので」ということで、橋口佐紀子さんを紹介していただき、空前の多忙さのなか、なんとか刊行までこぎ着けることができました。あらためて橋口さんと、この本の中でモデルを引き受けていただいた長本かな海さんに御礼を申し上げたいと思います。

二〇二一年九月　甲野善紀